図解

不動産リースのしくみ

公認会計士
山下章太

中央経済社

◆はじめに◆

本書は、不動産関係者に対してリース会計基準の知識を提供することを目的にしています。

不動産関係者は、日頃、取引当事者からさまざまな質問を受けていると思います。不動産売買取引の売主が個人であれば、「いくら税金を払えばいいの？」と質問されることがあるでしょう。また、富裕層から不動産を利用した相続、節税に関するアドバイスを求められることがあるでしょう。

一方、不動産賃貸借取引については、これまで重要な会計上・税務上の論点はありませんでした。借手や貸手からあまり質問される機会はなかったと思います。

つまり、従来の不動産関係者には、不動産売買取引に係る所得税、相続税に関する知識が求められてきました。

しかし、事態は一転します。なぜなら、リース会計基準が改正され、不動産賃貸借取引の会計処理が変わるからです。

2024年9月に、企業会計基準委員会（ＡＳＢＪ）から企業会計基準第34号「リースに関する会計基準」および企業会計基準適用指針第33号「リースに関する会計基準の適用指針」（以下、合わせて「リース会計基準」といいます）が公表されました。２０２７年４月１日以降に開始する事業年度におけるリース取引が、リース会計基準の対象となります。

そもそも、「不動産賃貸借取引はリースではない」と思っている不動産関係者がいるかもしれません。

賃貸借契約を英語で書くと「Lease Agreement」です。土地賃貸借契約書は「Land Lease Agreement」、住宅の建物賃貸借契約書は「Residential Lease Agreement」です。つまり、不動産賃貸借契約はリースなのです。それなのに、日本でリースと言ったらコピー機などの動産に対する取引をイメージする人が多いようです。

リース会計基準の対象は、賃貸借取引（本来のリース）です。日本のリースではありません。

不動産賃貸借契約は、リース会計基準ではオペレーティング・リースとして扱われます。

改正前のリース会計基準では、オペレーティング・リースの借手は毎月の賃料を費用処理（賃貸借処理）していました。リース会計基準の改正により、オペレーティング・リースの借手はリース取引を売買取引として会計処理する必要があります。

つまり、リース会計基準の改正によって、**不動産賃貸借取引は賃貸借取引ではなく、売買取**

引になるのです。借手は賃借した不動産の使用権およびそれに係る負債をオンバランス（貸借対照表に計上）します。

リース会計基準の影響を受けるのは、主に上場企業です。ただし、上場企業には子会社・関連会社がたくさんあります。そして、上場会社とその子会社・関連会社は、全国・全世界にオフィスや工場を借りています。

不動産関係者が不動産賃貸借契約の仲介をしたら、それなりの確率で取引当事者として上場会社とその子会社・関連会社が登場するでしょう。そして、顧客（貸手、借手）から「この賃貸借契約はリースに該当するのか？」、「会計処理をどうすればいいか？」、「リース期間は何年にすればいいのか？」と聞かれる機会が増えてくると思います。

その際、リース会計基準の扱いを質問されて「リース会計基準を知りません」では、不動産賃貸借契約の仲介ができません。

本書をこのタイミングで執筆したのは、できるだけ早い段階でリース会計基準の改正に対応する準備をしておいたほうがよいからです。

本書では不動産賃貸借取引に焦点を当てて、リース会計基準についての理解を深めるとともに、不動産関連の事例を使ってリース会計基準の取り扱いを解説します。

不動産賃貸借取引を円滑にサポートするための一助となれば幸いです。

2024年10月

山下　章太

●本書の記載についての事項

本書においては、企業会計基準第34号「リースに関する会計基準」および企業会計基準適用指針第33号「リースに関する会計基準の適用指針」を合わせて「リース会計基準」と記載しています。個別に表記する場合、「リースに関する会計基準」を「会計基準」、「リースに関する会計基準の適用指針」を「適用指針」と記載する場合があります。

なお、改正後のリース会計基準と区別するため、2007年3月に公表された企業会計基準第13号「リース取引に関する会計基準」および企業会計基準適用指針第16号「リース取引に関する会計基準の適用指針」を合わせて「改正前のリース会計基準」と記載しています。

また、本書には事例の計算に数値を利用している箇所があります。表示単位未満を四捨五入して表示しているため、表示されている数値を合計しても合計額と一致しない場合があります。なお、説明の都合上、不動産実務とは異なる方法（たとえば、賃料の後払い、年1回支払い）で計算していますのでご了承ください。

目　次

第2章　リースの基本的な事項を理解しよう

第3章 リース会計基準の基本的な考え方を理解しよう

第4章　リース会計基準の詳細を理解しよう

第5章　リース会計基準を不動産賃貸借取引に当てはめてみよう

第6章 複合型のリース取引

おわりに

第1章

不動産リースを取り巻く環境の変化

リース会計基準が改正されると不動産賃貸借取引の会計処理は売買処理になります。日本におけるリース取引はパソコン，コピー機，電話機，自動車などの動産を対象とした賃貸借契約を指すことが多いでしょう。しかし，本来，リース（Lease）とは賃貸借契約全般を指すため，不動産賃貸借契約もリースです。

ここでは，リース会計基準の改正によって不動産取引がどのような影響を受けるのかについて解説します。

01 リース会計基準の歴史

リース会計基準への理解を深めるために、まずはその歴史について説明しましょう。

リース会計基準は、1993年に「リース取引に係る会計基準に関する意見書」として初めて日本に登場しました。その後、2007年、2027年に改正されます。

リースの**借手の**会計処理を時系列で示したものが、図表01・1です。

※リースの貸手の会計処理とは異なります。

1993年以前は、リース会計基準がなかったため、すべてのリース取引の会計処理は賃貸借処理でした。つまり、リースの借手は支払リース料を損益計算書に計上していました。

1993年にリース会計基準が登場したことで、ファイナンス・リース（FL）が売買処理となり、貸借対照表に資産・負債を計上することになりました。ただし、所有権移転外・ファイナンス・リースは、注記を条件に賃貸借処理を採用することが容認されていました。

このため、2007年に企業会計基準第13号「リース取引に関する会計基準」が公表され、所有権移転外・ファイナンス・リースの借手の会計処理が売買処理となるまでの間、日本のほとんどのリース取引は所有権移転外・ファイナンス・リースになりました。貸借対照表の計上を避けたい企業が多かったからです。現在もリース会社のリース取引がほとんど所有権移転外・ファイナンス・リースなのは、この名残です。

2027年4月以降に開始する事業年度におけるオペレーティング・リース（OL）の借手の会計処理は売買処理となります。すべてのリースの**借手の**会計処理は売買処理に統一されます（図表01・2）。

❖リース会計基準の歴史

図表 01・1 借手の取扱いの変遷

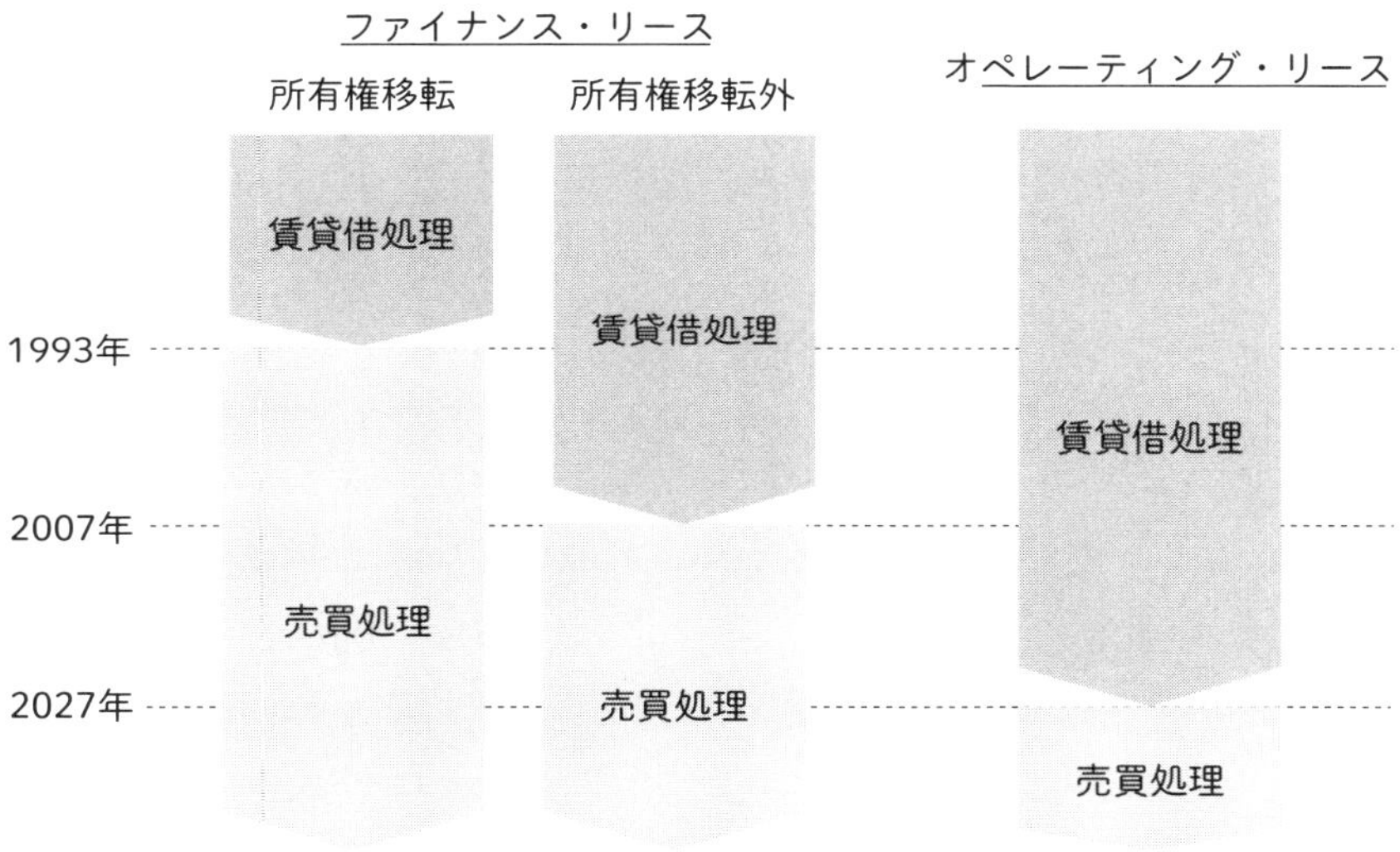

	所有権移転 FL	所有権移転外 FL	OL
～ 1993 年	賃貸借処理	賃貸借処理	賃貸借処理
1993 年～	売買処理	売買処理 賃貸借処理（注記）	賃貸借処理
2007 年～	売買処理	売買処理	賃貸借処理
2027 年～	売買処理	売買処理	売買処理

＊ FL：ファイナンス・リース，OL：オペレーティング・リース

図表 01・2 2027 年改正の概要（リースの借手）

	改正前	改正後
ファイナンス・リース	売買処理	売買処理
オペレーティング・リース	賃貸借処理	売買処理

02 不動産賃貸借契約はオペレーティング・リース

リース会計基準の改正により、オペレーティング・リースの**借手の**会計処理が売買処理になります。

※オペレーティング・リースの貸手の会計処理は賃貸借処理です。

リースには、ファイナンス・リースとオペレーティング・リースの2種類があります（図表02・1）。

ファイナンス・リースは、解約不能でフルペイアウト（現在価値基準と経済的耐用年数基準）のリースです（図表02・2）。不動産賃貸借契約はこの要件を満たさないため、オペレーティング・リースに該当します。

この点を少し説明しましょう。

まず、不動産賃貸借契約は「〇カ月の予告」によって解約できるのが一般的です。この場合、解約不能の要件を満たしません。

次に、フルペイアウトについて説明します。賃貸借契約の月額賃料が30万円、賃貸借期間が2年、対象の建物の価値（時価）が1億円、建物の耐用年数が50年とします。

賃貸借期間における支払賃料総額は、720万円です。リース料総額の現在価値はリース物件の7・2％ですから、現在価値基準の90％を下回ります。

※厳密には720万円の現在価値なので7・2％よりも小さい値です。

さらに、賃貸借期間は2年ですから、耐用年数50年の4％です。経済的耐用年数基準の75％も下回ります。

ファイナンス・リースの判定基準に不動産賃貸借取引を当てはめたのが図表02・3です。

このように、不動産賃貸借契約はファイナンス・リースに該当せず、オペレーティング・リースに該当します。

❖リースと不動産賃貸借取引の関係

図表 02・1 リースの種類

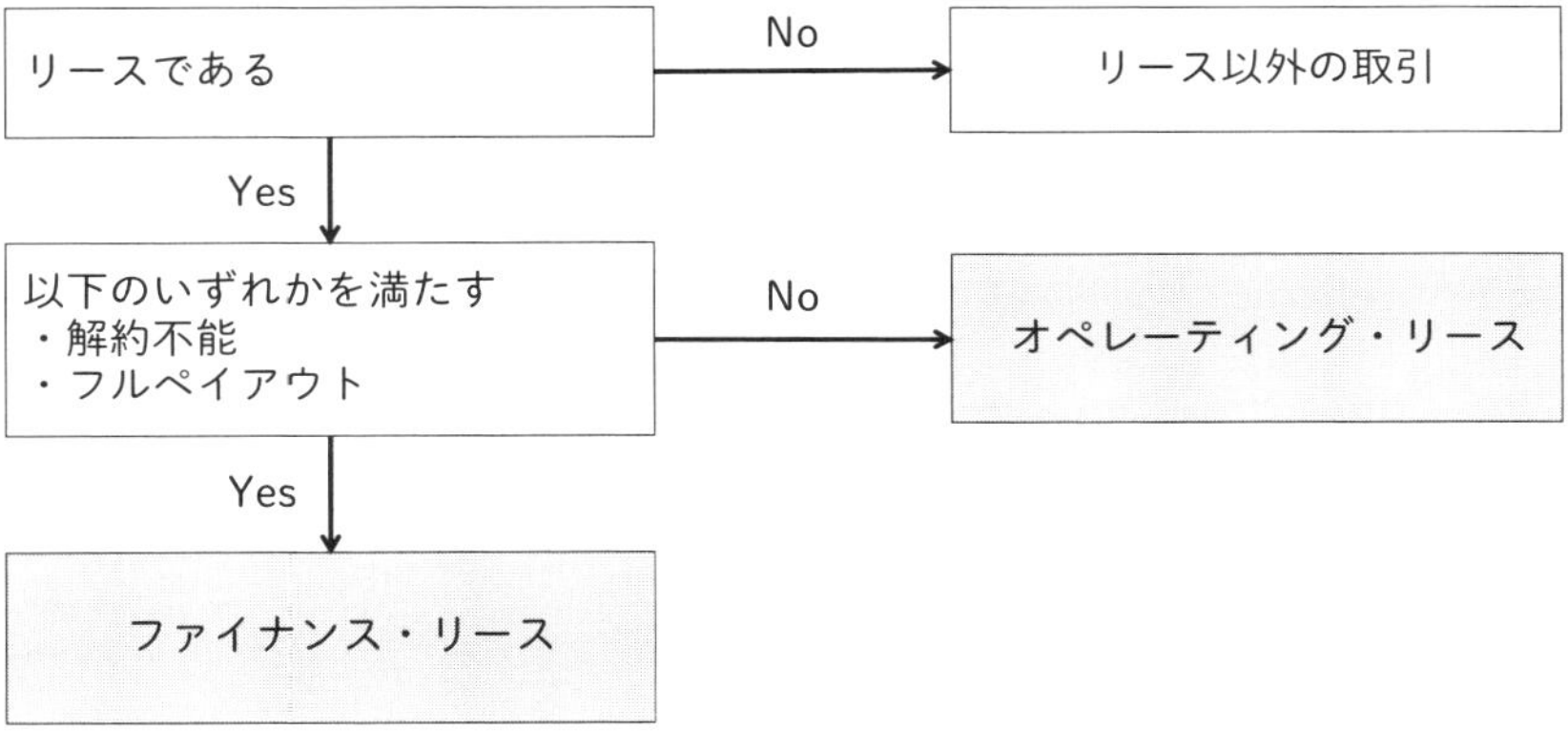

図表 02・2 ファイナンス・リースの判定基準

	判定基準	内　容
解約不能のリース	—	契約期間の中途において当該契約を解除することができないリース，またはこれに準じるリース
フルペイアウト	現在価値基準	解約不能のリース期間中のリース料総額の現在価値が見積購入価額の概ね 90% 以上であること
	経済的耐用年数基準	解約不能のリース期間が，リース物件の経済的耐用年数の概ね 75% 以上であること

図表 02・3 不動産賃貸借取引と判定基準

判定基準	基準値	計　算	判　定
解約不能	—	借手は事前通知によって解約が可能	満たさない
現在価値基準	90% 以上	30 万円×24 カ月＝720 万円 720 万円÷1 億円＝7.2%	満たさない
経済的耐用年数基準	75% 以上	2 年÷50 年＝4%	満たさない

03 なぜファイナンス・リースは売買処理になったのか？

なぜファイナンス・リースの借手の会計処理が売買処理（オンバランス＝貸借対照表に計上すること）になったのでしょうか？　言い換えれば、なぜ1993年にリース会計基準が登場したのでしょうか。

自動車の所有権移転ファイナンス・リースを使って説明しましょう。

まず、**【ケース1】**を見てください。

自動車の購入資金を銀行から借り入れて、A社（買主）がB社（売主）から自動車を購入します（図表03・1）。所有権は、代金の支払いと共にB社からA社に移転します。A社はその後、自動車を所有・利用しながら借入金を銀行に返済します（図表03・2）。

次に**【ケース2】**を見てください。

A社（借主）は、リース会社と所有権移転ファイナンス・リースを締結し、リース期間においてリース料を支払います（図表03・3）。リース料を支払い終わるとA社は自動車の所有権を取得します。

ケース1、ケース2はどこが違うのでしょうか？　両者の違いは、ケース1は所有権が最初に移転し、ケース2は所有権が最後に移転する点だけです。

ケース1、ケース2の両方とも、A社は自動車を使用しながら、相手（銀行、リース会社）に金銭を支払います。

つまり、2つの取引（売買とリース）は所有権の移転時期が異なるだけで、経済実態はほぼ同じ取引（自動車の取得）なのです。

経済実態が同じ取引なのに、借入で自動車を取得した場合のみオンバランスするのは不自然です。このため、所有権移転ファイナンス・リースをオンバランスすることで平仄を合わせたのです。

このような理由で、1993年にリース会計基準が登場しました。

❖所有権移転ファイナンス・リースは売買と同じ

●ケース１：銀行借入で資産を取得する場合

図表 03・1 売買による動産の取得（銀行借入あり）

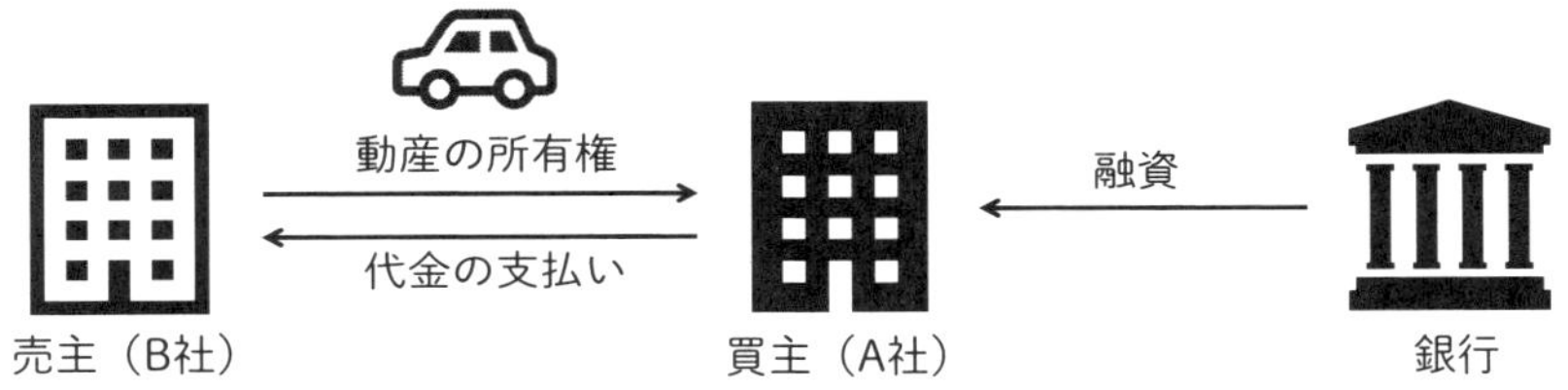

＊売買によって所有権は買手（Ａ社）に移転する。

図表 03・2 元利金の返済

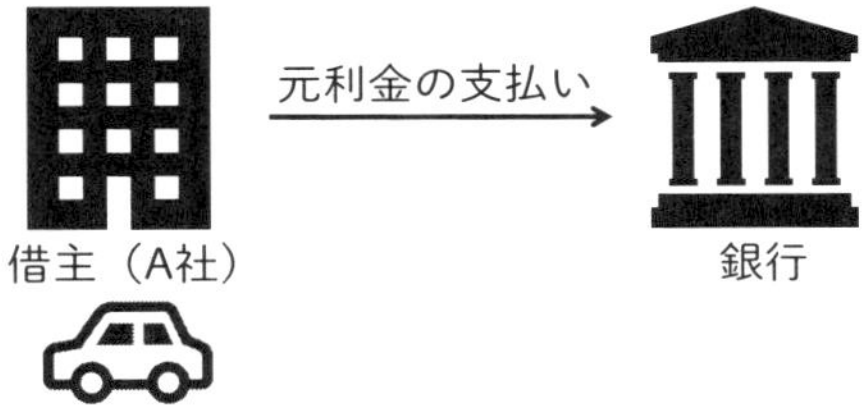

●ケース２：リースを利用して資産を取得する場合

図表 03・3 リースによる動産の取得

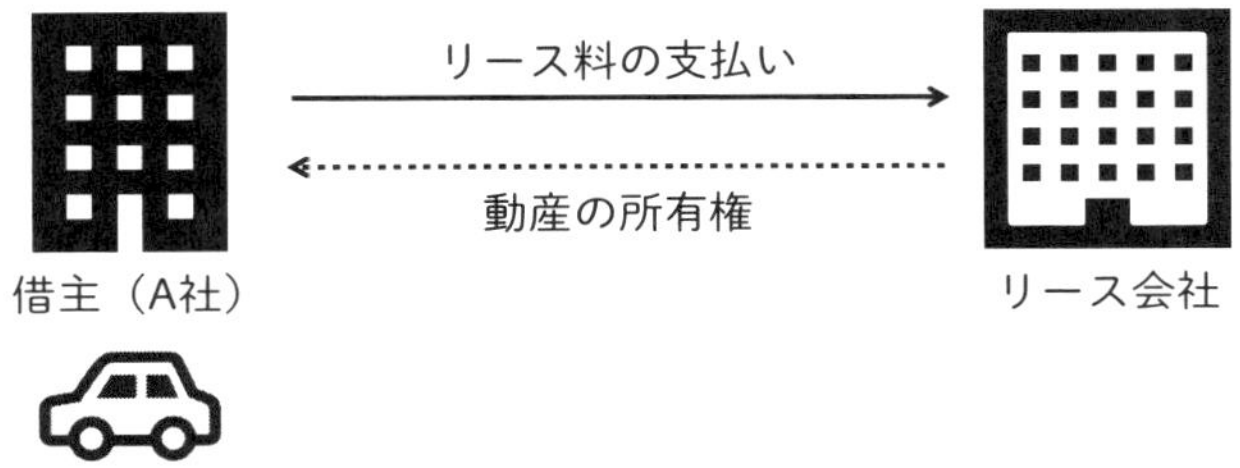

＊リース料支払い後に所有権が借主（Ａ社）に移転する。

04 なぜオフバランス取引が好まれるのか？

2007年にリース会計基準が改正されるまで、所有権移転外ファイナンス・リースはオフバランス取引として重宝されていました。

ここでは、なぜオフバランス取引が好まれるのかについて説明します。これが理解できれば、リース会計基準の改正の影響がわかりやすくなるはずです。

まず、オフバランス（Off-Balance）とは、貸借対照表（Balance Sheet）に表示されない（Off）状態をいいます。逆に、貸借対照表に表示される状態をオンバランスといいます。

図表04・1を見てください。借入で資産を購入する場合、貸借対照表に資産と借入金が計上されます（オンバランス取引）。リースがオフバランス取引の場合、貸借対照表には何も計上されません。

一般的に、資産・負債の額が小さいほど財務指標（経営指標）は良い数値になります。

図表04・2を見てください。オンバランスの自己資本比率は25%なのに、オフバランスは33%です。自己資本比率やROA（Return On Assets）はオフバンスのほうが良い数値といえます。

03で説明したように、借入で資産を購入するのと、ファイナンス・リースで資産を賃借するのは経済実態がほぼ同じです。

でも、オフバランスのほうが財務指標としては良い数値になりますから、投資家に業績を良く見せたい企業はオフバランス取引を好みます。

これが、2007年まで所有権移転外ファイナンス・リースが流行った理由です。

❖なぜ所有権移転外ファイナンス・リースが流行ったのか

図表 04・1 売買処理と賃貸借取引の貸借対照表

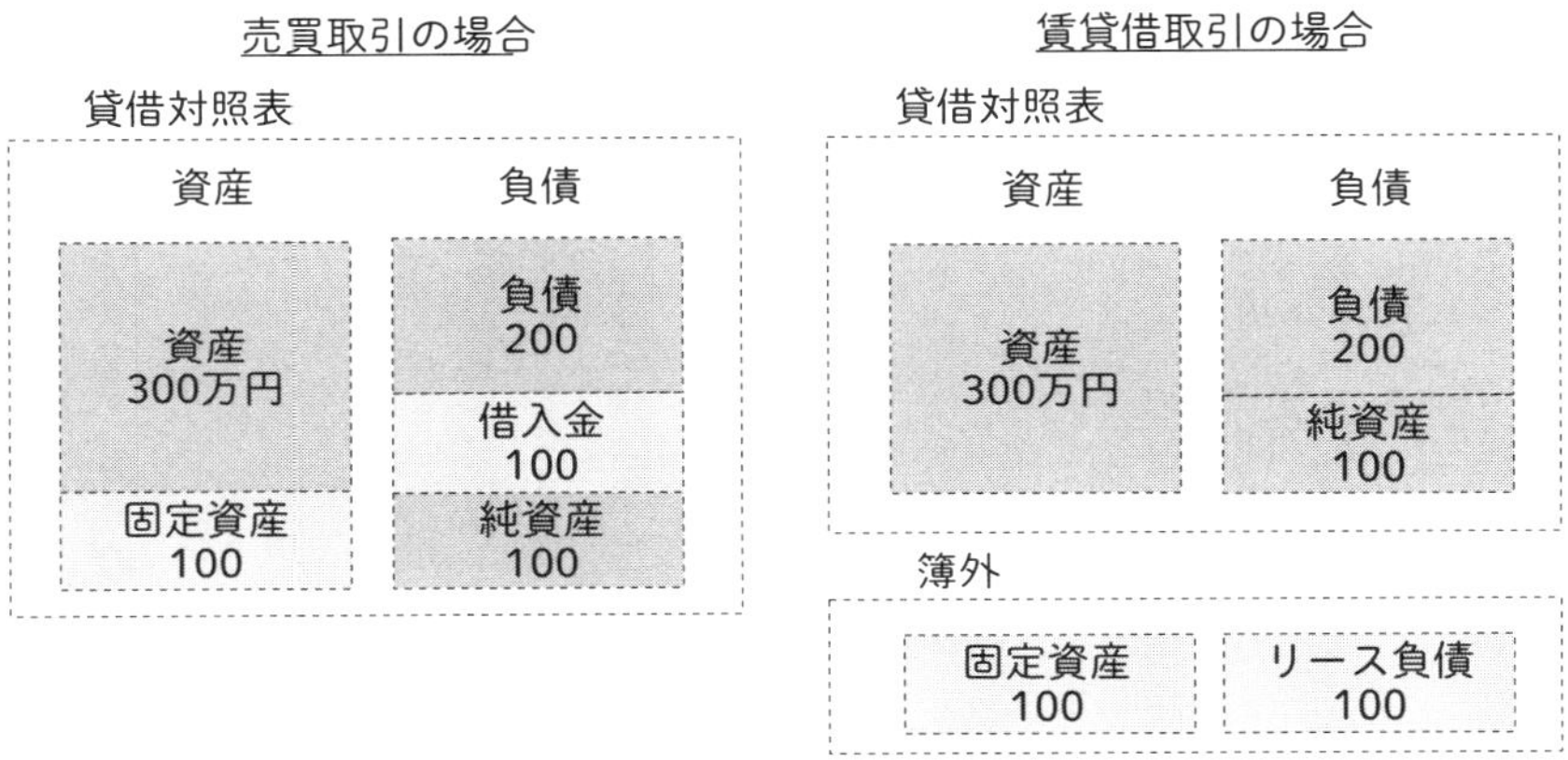

図表 04・2 財務指標

指　標	計算式	オンバランス	オフバランス
自己資本比率	純資産÷総資産	25% =100÷400	33.3% =100÷300
ROA（総資産利益率）	純利益÷総資産	2.5% ＝10÷400	3.3% ＝10÷300

前提：純利益を 10 とする

05
なぜオペレーティング・リースが売買処理になったのか？

借入で資産を購入するのと、ファイナンス・リースで資産を賃借するのとは経済実態が同じです。

２００７年のリース会計基準の改正以降、ファイナンス・リースの**借手**の会計処理は売買処理です。一方、オペレーティング・リースの**借手**の会計処理は賃貸借処理でした（図表05・1）。

オペレーティング・リースであっても、契約におけるリース料は払わないといけませんよね？　つまり、借手の支払い義務に着目すると、ファイナンス・リースとオペレーティング・リースは同じなのです（図表05・2）。

リース会計基準は、財務諸表の利用者（株主や債権者など）に企業の財務内容を開示することを目的としています。特に債務の開示は重要です。

ファイナンス・リースとオペレーティング・リースの将来の支払義務は同じなのに、オペレーティング・リースだけ賃貸借処理（オフバランス）だと、企業の債務を正しく開示できません。これでは財務諸表の利用者への開示として不十分です。

近年の会計基準は、主に将来の支払義務をオンバランスする方向で改正されています。

オペレーティング・リースの支払義務を財務諸表の利用者に開示するため、リース会計基準の改正によって**借手**の会計処理が売買処理（オンバランス）になりました。

※オペレーティング・リースの貸手の会計処理は賃貸借処理です。

❖ファイナンス・リースとオペレーティング・リースの支払義務は同じ

図表 05・1　現行のリース会計基準の会計処理

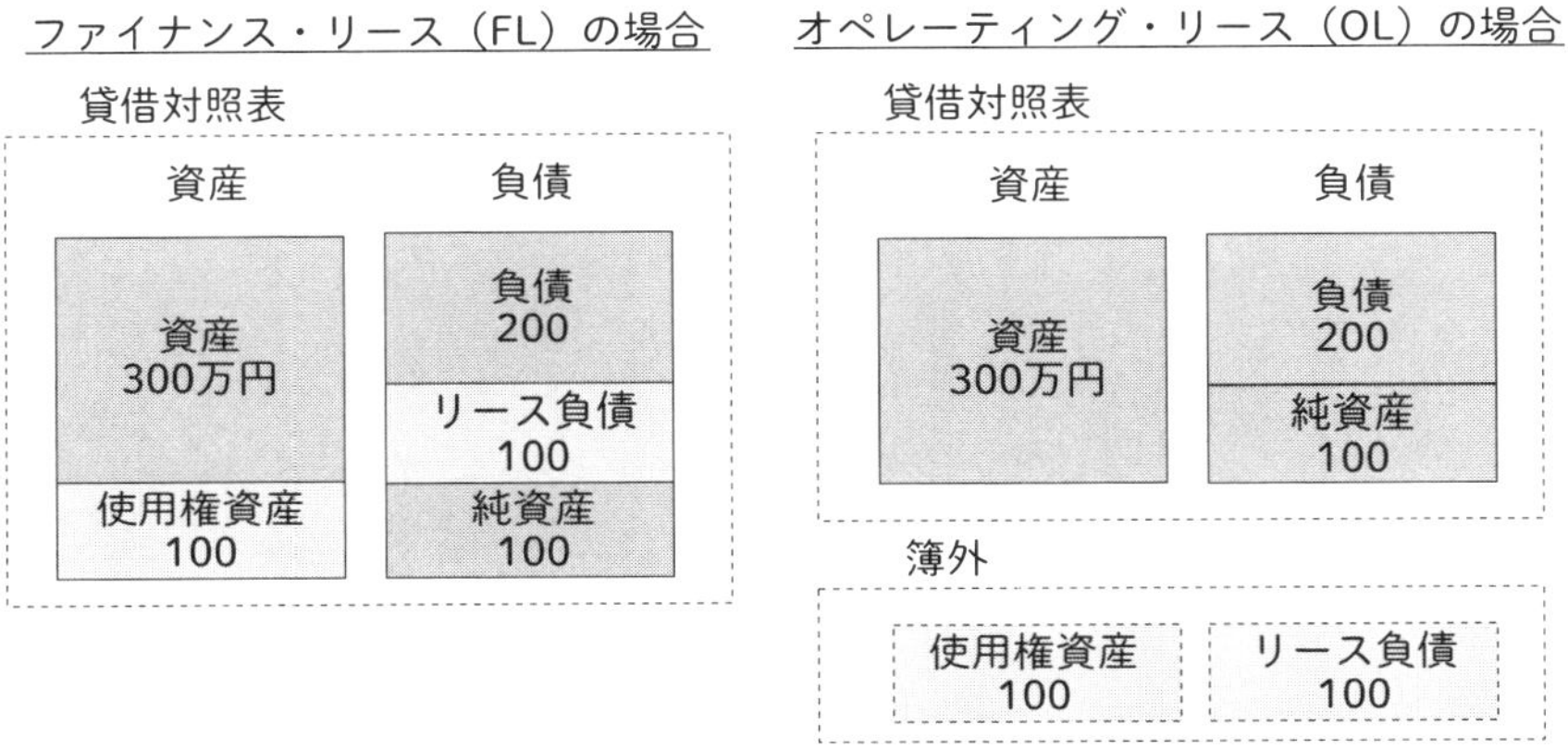

図表 05・2　リース料の支払義務と会計処理

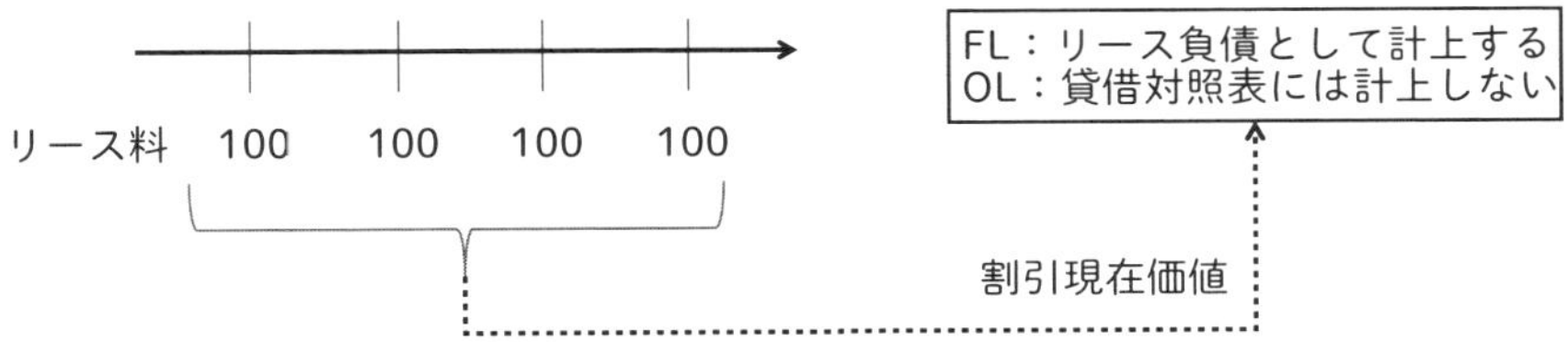

06 リース会計基準の対象を知っておこう!

皆さんは「リース」と聞いた時に何をイメージしますか?

コピー機、パソコンなどをイメージするのではないでしょうか。これは、リース会社が取り扱っている商品が主に動産のファイナンス・リースだからです。

リース会計基準の対象はすべての賃貸借取引なので、不動産の賃貸借契約もリース会計基準の対象です。

不動産賃貸借取引はリース会計基準と関係ないと考えていた読者もいるでしょう。これは、不動産賃貸借契約がオペレーティング・リースだからです。オペレーティング・リースの改正前の会計処理は賃貸借処理であったため、不動産賃貸借契約はリースではあるものの、リース会計基準を気にする必要がなかったのです。

賃貸借契約の種類と改正前の会計処理を示したのが、左の図表06です。

リース会社の取り扱うリースは、基本的に長期の解約不能、フルペイアウトを満たす所有権移転外ファイナンス・リースです。

その他の賃貸借契約は建設機械レンタルのように短期(長期の場合もある)の契約であるため、ほとんどがオペレーティング・リースです。

改正前の賃貸借契約の借手は、リース会社とのリース契約以外はリース会計基準を気にする必要はありませんでした。

しかし、リース会計基準の改正後は、他の賃貸借契約(不動産賃貸借取引やレンタル)も売買処理になる可能性があるため、留意しなければいけません。

❖すべての賃貸借取引はリース会計基準の対象！

図表06 賃貸借契約の種類と現行の会計処理

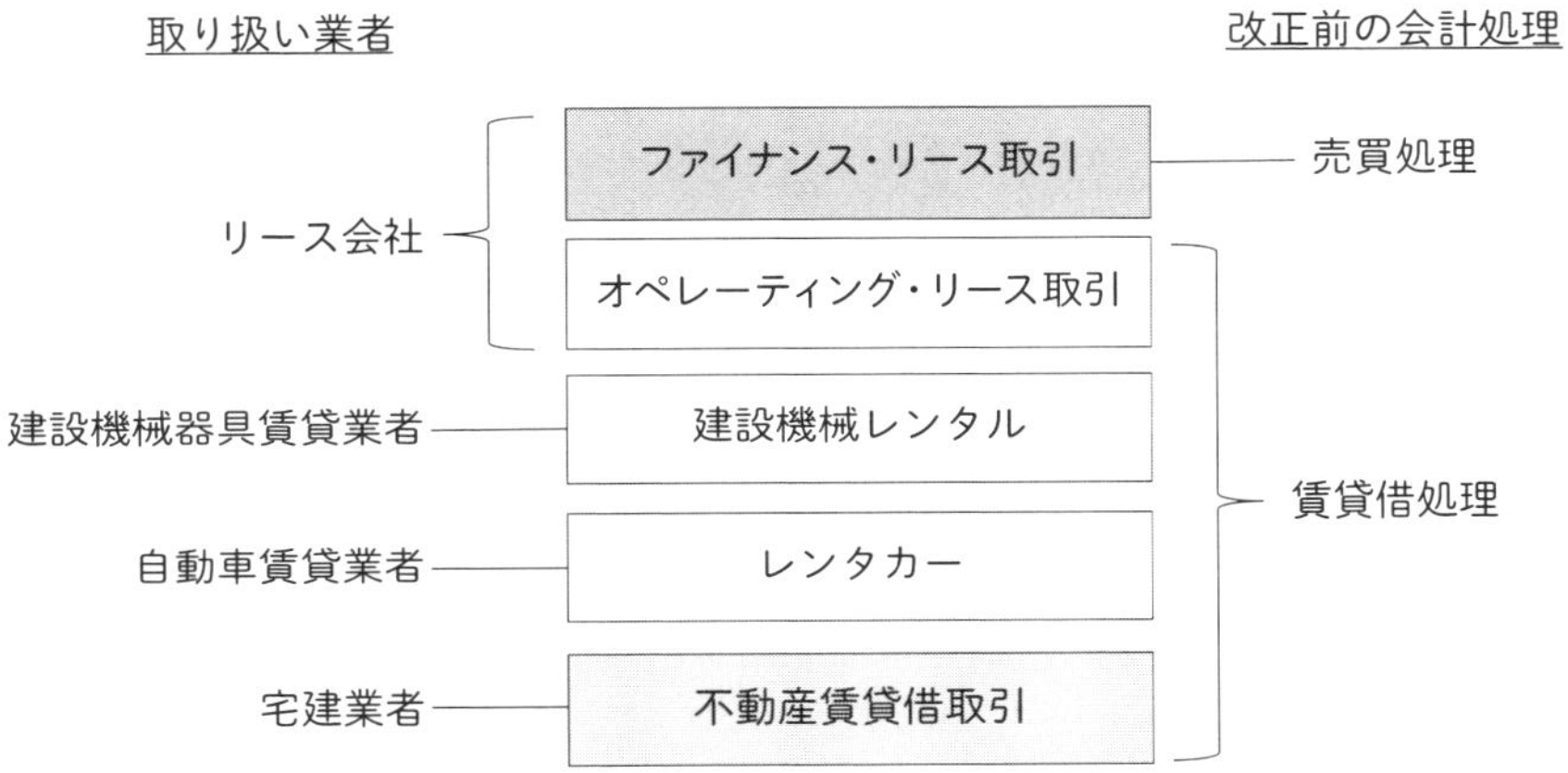

07 リース会計基準は誰に適用されるのか？

リース会計基準の改正によって、売買処理（オンバランス）となるリースの範囲が大幅に広がりました。

リース会計基準が適用される会社は、「中小企業の会計に関する指針」または「中小企業の会計に関する基本要領」の適用対象とならない会社です。つまり、上場企業などの有価証券報告書作成会社、会社法の計算書類作成会社です。

また、有価証券報告書作成会社の子会社、関連会社も連結財務諸表作成のためにリース会計基準に従って決算書を作成する必要があります。

金融庁が公表した2022年度の法定監査数では、金融商品取引法（金商法）・会社法監査の実施数は4，094社、金商法監査のみ308社、会社法監査のみ5，465社でした。つまり、これらを合計した9，867社がリース会計基準の適用が必要な会社です。

仮に、直接リース会計基準に関係のある会社が1万社だとしましょう。その1万社には、子会社や関連会社が多数あります。

トヨタ自動車の子会社は577社、関連会社および共同支配企業は165社です。日立製作所の子会社は573社、持分法適用会社は369社です（共に2024年3月時点）。他にもホンダ、ソニー、パナソニック、ソフトバンクグループには多数の子会社・関連会社があります。それらの会社もリース会計基準が適用されます。子会社や関連会社の正確な数はわからないものの数十万社はありそうです。

総務省・経済産業省による2021年の経済センサス活動調査によれば、日本の法人数は367万です。もし、リース会計基準が日本全体の10％に適用されるとしたら、企業との不動産取引の10件に1件の当事者はリース会計基準の適用会社です。これからはリース会計基準を意識して取引をしないといけませんね。

❖リース会計基準は何社に影響する？

図表 07 リース会計基準に関係ある会社の数

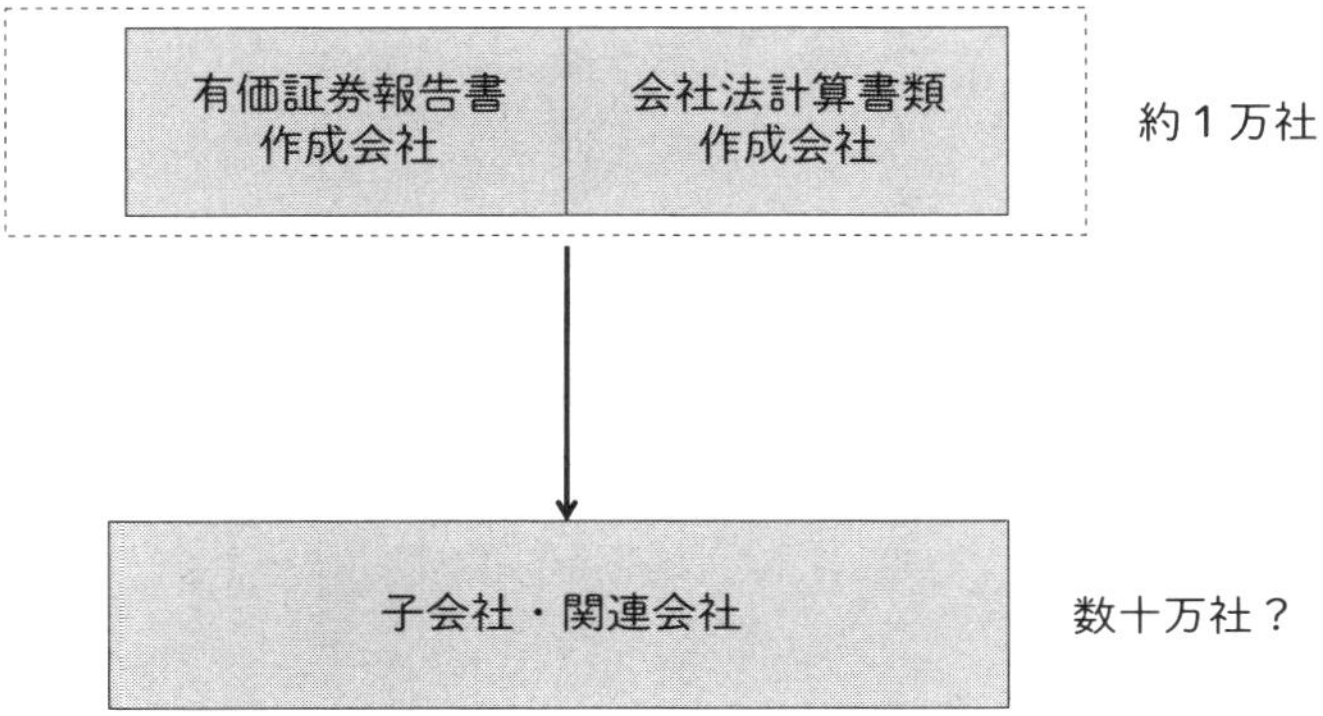

08

どれくらいの数の不動産賃貸借契約がリース会計基準の対象になるのか？

リース会計基準が直接適用される会社は1万社、その1万社の子会社・関連会社が数十万社あります。そして、その数十万社は世界中に多数の支店、工場、営業所を有しています。その拠点を賃借していれば、売買処理（オンバランス）で会計処理する必要があります。

さらに、数十万社には多数の従業員がいます。最近は従業員への福利厚生として社宅が注目されています。もし、会社に借上社宅があれば、その社宅の賃貸借契約もリース会計基準のリースに該当します（金額的重要性から、すべてがオンバランスになるわけではありません）。

つまり、リース会計基準は約1万社、関係会社数十万社、それらの会社が負担する従業員の不動産賃貸借契約が対象になります。

2021年の「経済センサス活動調査」（総務省・経済産業省）によれば、日本国内の事業所数は516万、従業者数は5,795万人です。大企業の事業所数、従業員数は中小企業よりも多いので、リース会計基準の適用を受ける不動産賃貸借契約は相当な数になるでしょう。

「地方の不動産には関係ない」と考えている不動産関係者がいらっしゃるかもしれませんが、残念ながらそうではありません。日本中、世界中の不動産賃貸借契約がリース会計基準の対象になる可能性があるのです。

そういう意味でも、不動産関係者にリース会計基準の知識習得は重要なのでしょう。

❖ どんな不動産賃貸借契約がリース会計基準の対象になる?

図表 08 リース会計基準に関係する不動産賃貸借契約の数

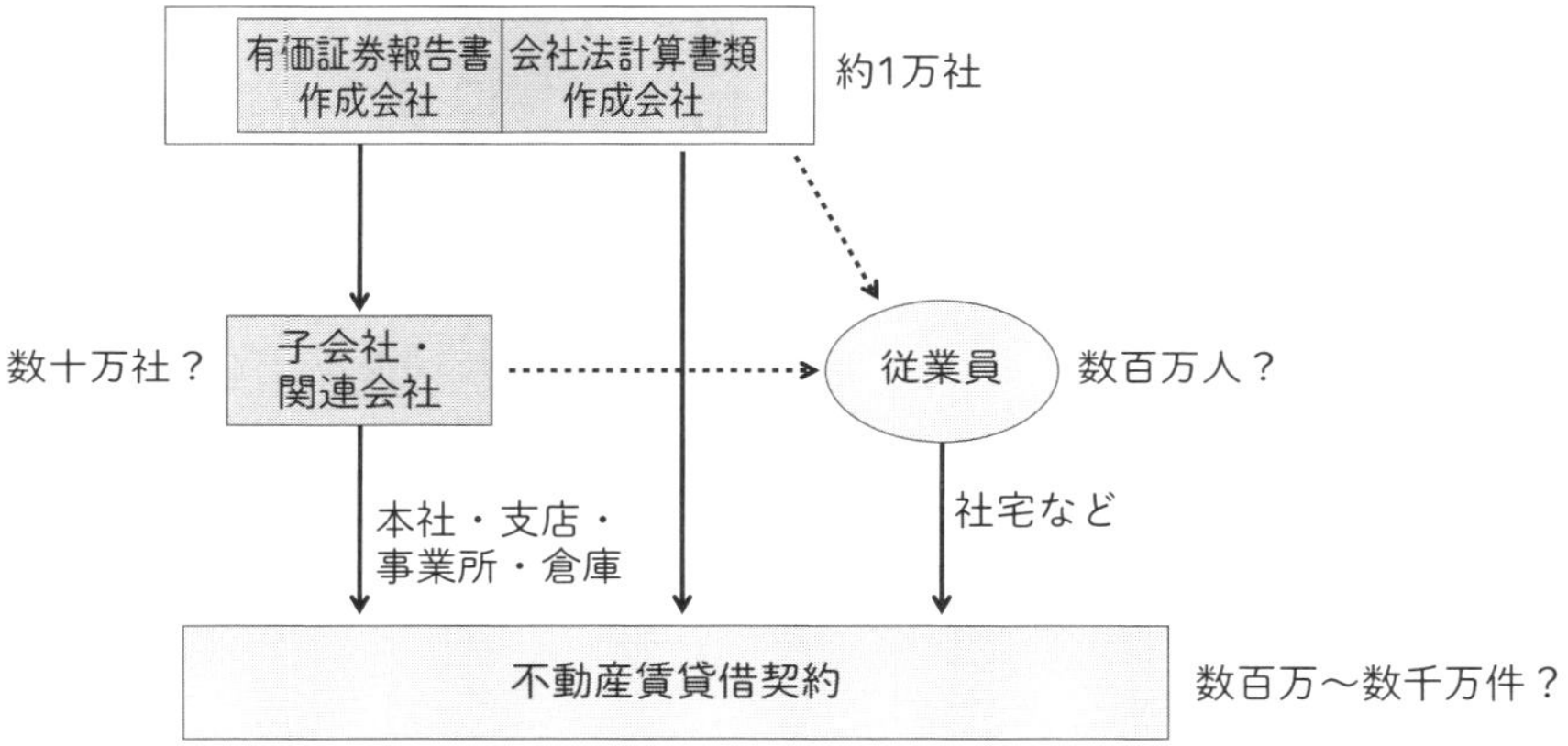

09 リース会計基準の改正の影響が大きいのはどの業種か？

リース会計基準の改正によって、不動産賃貸借契約の借手の会計処理が売買処理になります。影響が大きいのは小売業やサブリース業者でしょう。

小売業は、賃借している店舗のリースをオンバランスする必要があります。たとえば、イオンの2024年2月期の有価証券報告書によれば、総資産13兆円に対してオペレーティング・リースの未経過リース料が1兆円です。つまり、資産・負債が8％増加します。

また、サブリース業者もオーナーから借りたリースをオンバランスする必要があります。サブリースとは、不動産オーナーから借りてきた不動産を転貸（又貸し）する不動産取引です（図表09・1）。オーナーとサブリース業者の賃貸借契約をマスターリース（リース会計基準では「ヘッドリース」といいます）といい、サブリース業者と入居者の賃貸借契約をサブリースといいます。

図表09・2は、大東建託の貸借対照表を簡略化したものです。大東建託の2024年3月期の有価証券報告書によれば、総資産1兆円に対してオペレーティング・リースの未経過リース料が2・5兆円です。

リース会計基準の改正前の総資産は1兆円、簿外のリースが2・5兆円です（図表09・2の左側）。リース会計基準の改正後はリースの2・5兆円がオンバランスになるため、総資産は3・5兆円に膨らみます（図表09・2の左側）。つまり、資産・負債が230％増加します。

また、総資産が3・5倍になったことから、財務指標が悪化します（図表09・3）。

リース会計基準の改正によって、資産・負債が数倍になる業種もあるのです。

❖サブリース業者の影響は大きい！

図表 09・1 サブリースの仕組み

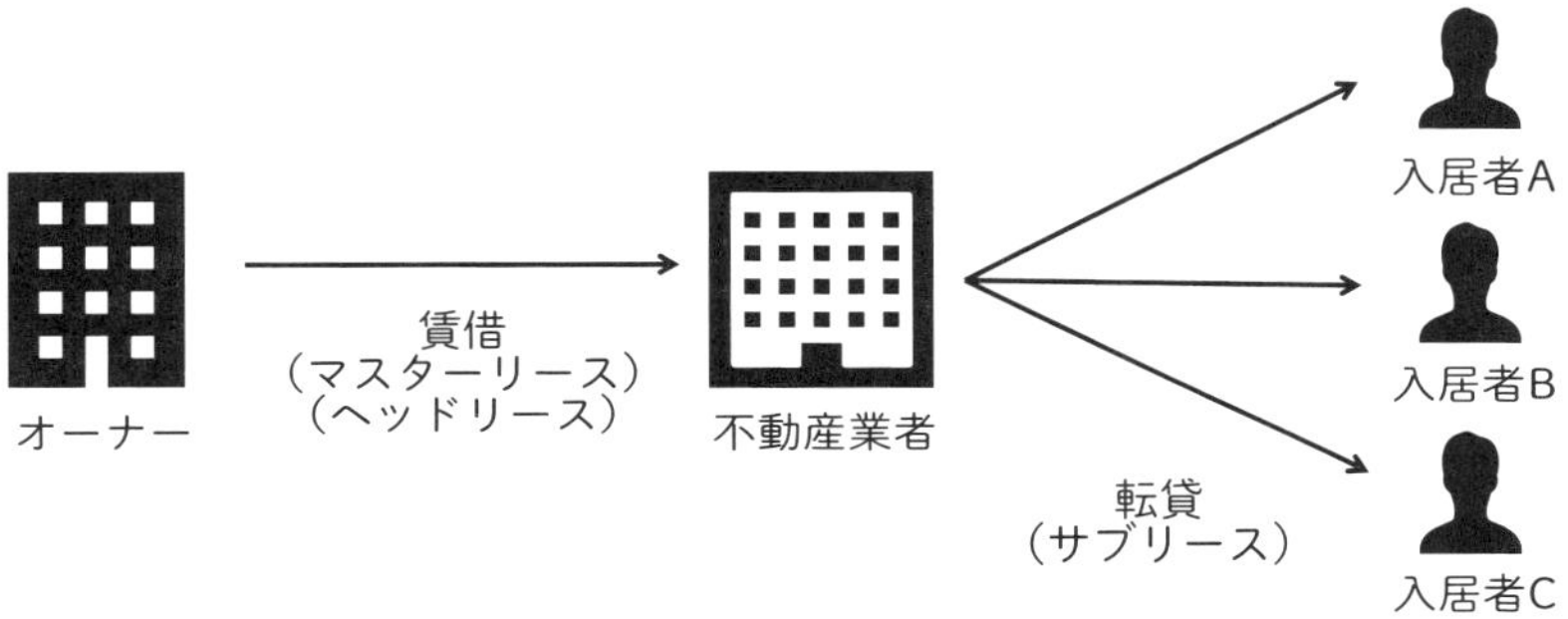

図表 09・2 サブリース業者の貸借対照表

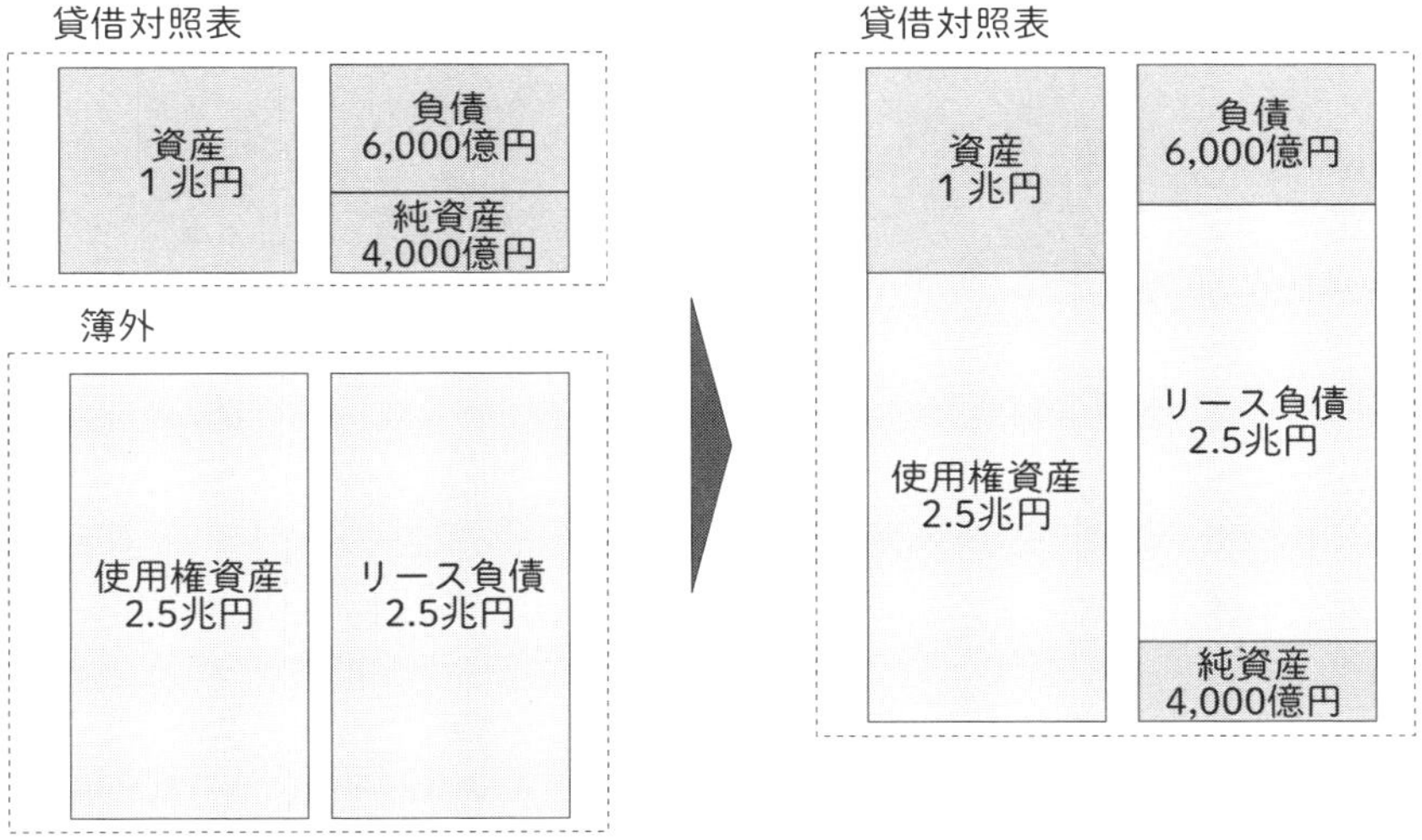

図表 09・3 財務指標の比較

指標	改正前	改正後
自己資本比率	40%（＝4,000 億円÷ 1 兆円）	11.4%（＝4,000 億円÷3.5 兆円）
ROA	7 %（＝700 億円÷ 1 兆円）	2 %（＝700 億円÷3.5 兆円）

当期利益：700 億円

10 不動産賃貸借取引の会計処理はこう変わる

リース会計基準の改正によって、不動産賃貸借契約の借手の会計処理は、賃貸借処理から売買処理に変わります。

リース会計基準の改正は資産・負債をオンバランスすることだけが注目されていますが、影響はそれだけではありません。ここでは、具体的にどのような会計処理が借手に必要になるかについて、従来の会計処理方法（賃貸借処理）と比較して解説します。

なお、会計処理の詳細は第3章以降で解説するため、ここでは概要のみを説明します。

不動産賃貸借取引の借手の会計処理について、売買処理と賃貸借処理を比較したものが図表10・1です。

売買処理では不動産賃貸借契約の開始日に「使用権資産」と「リース負債」を貸借対照表に計上します。賃貸借処理の場合、会計処理はありません。

売買処理では、賃料（リース料）の支払時に支払額をリース負債の元本返済額と利息相当額（支払利息）に分けて会計処理します。これはリース料には利息相当額が含まれていると考えるためです。

賃貸借処理の場合は、支払リース料をそのまま費用として計上します。

売買処理では決算日において使用権資産（資産）を減価償却します。賃貸借処理の場合、会計処理はありません。

売買処理の会計処理を例示したのが図表10・2です。不動産賃貸借契約の借手の会計処理が売買処理になると、賃貸借処理よりも複雑になるのです。

❖売買処理は手間がかかる！

図表10・1 借手の売買処理と賃貸借処理の違い

時　点	売　買　処　理	賃貸借処理
リース開始日	使用権資産・リース負債を貸借対照表に計上	—
リース料支払時	支払リース料をリース負債の元本返済額と利息相当額に配分する	支払リース料を費用として計上する
決算日	使用権資産に係る減価償却費を計上する	—

図表10・2 売買処理の会計処理

リース料総額：1,000（うち，利息相当額：100）
リース期間：10年
リース料の支払：年1回（後払い）

・リース開始日

（借）	使用権資産	900	（貸）	リース負債	900

＊リース負債＝リース料総額－利息相当額＝1,000－100＝900

・リース料支払時

（借）	リース負債	90	（貸）	現金預金	100
	支払利息	10			

＊ここでは支払利息を定額法で計算しています。
　支払利息＝支払利息総額÷リース期間＝100÷10年＝10

・決算日

（借）	減価償却費	90	（貸）	減価償却累計額	90

＊使用権資産÷リース期間＝900÷10年＝90

11 リース会計基準の改正と不動産関連会計基準

不動産に関連する会計基準はいくつかあります。リース会計基準以外の不動産関連の会計基準として、主なものは**減損会計基準**（固定資産の減損に係る会計基準）、**資産除去債務会計基準**（資産除去債務に関する会計基準）、**賃貸等不動産会計基準**（賃貸等不動産の時価等の開示に関する会計基準）の3つでしょう。

減損会計基準は、収益性の低下した固定資産（不動産）を時価評価して、簿価と時価評価額との差額を減損損失として計上します。資産除去債務会計基準は、原状回復費用などをあらかじめ負債として認識するとともに、使用に伴って費用計上します。

賃貸等不動産会計基準は、投資不動産等（賃貸等不動産）の時価を注記として開示するものです。

リース会計基準の改正前は、不動産の所有者とテナントに関係する会計基準は図表11・1のとおりでした。

これが、リース会計基準の改正で図表11・2のように変わります。

減損会計基準と賃貸等不動産会計基準は貸借対照表に計上される資産に関する会計基準です。

改正前の不動産賃貸借契約は賃貸借処理であったため、テナントには減損会計は関係ありませんでした。しかし、改正後にテナントが貸借対照表に計上する使用権資産は減損会計の適用対象です。

また、使用権資産が貸借対照表に計上されるため、サブリース（不動産の又貸し）は賃貸等不動産会計基準によって注記での開示が必要です。

このように、リース会計基準の改正は他の不動産関連会計基準にも影響するのです。

❖リース会計基準の改正は他の会計基準にも影響する！

図表11・1　リース会計基準改正前の不動産関連会計基準

会計基準	所有者（貸手）	テナント（借手）
減損会計基準	関係あり	—
資産除去債務会計基準	—	関係あり
賃貸等不動産会計基準	関係あり	—
リース会計基準	関係あり （賃貸借処理）	関係あり （賃貸借処理）

＊上記は収益物件（投資不動産）のオペレーティング・リースを前提としています。

図表11・2　リース会計基準改正後の不動産関連会計基準

会計基準	所有者（貸手）	テナント（借手）
減損会計基準	関係あり	関係あり
資産除去債務会計基準	—	関係あり
賃貸等不動産会計基準	関係あり	関係あり
リース会計基準	関係あり （賃貸借処理）	関係あり （売買処理）

リース会計基準の改正で今まで関係なかった会計基準への対応もしないといけなくなるね。

コラム

不動産取引にリース会計基準がどう影響するか

不動産の取引にはさまざまな人・会社が関わります。そして，当事者によって興味のある点が異なります。

相続税対策で不動産を販売する場合，相続税の知識がなければ不動産は売れません。これは，買主（個人）の懸念事項（興味）が相続税であり，相続税を下げる方法を提案できないと不動産を買わないからです。

個人に不動産の売却を提案する場合，売主（個人）の興味は税金がいくらになるかです。譲渡所得税に関する知識がなければ，不動産を売却してくれないでしょう。

不動産取引は純粋なモノの売買ではありません。当事者それぞれの懸念事項を解決しないと取引が成り立たないからです。専門知識とそれを元にした提案が必要です。

リース会計基準の改正によって，不動産賃貸借取引が大きく変わります。

改正の適用後，不動産賃貸借取引（オペレーティング・リース）の借手の会計処理が売買処理になるため借手が会計処理するために必要な情報を提供できないと不動産賃貸借取引を仲介できません。

今後は，リース会計基準の知識がないと不動産賃貸借取引を仲介できなくなるのかもしれませんね。

第 2 章

リースの基本的な事項を理解しよう

不動産賃貸借契約はリース会計基準におけるリースです。

リース会計基準を理解するためには，リース独特の用語や考え方を知っておく必要がありますから，ここではリースの基本的な事項について説明します。

12

日本のリース取引とリース会計基準のリースは別物

英語のリース（Lease）を日本語に直訳すると賃貸借です。そして、賃貸借契約を英語にするとリース契約（Lease agreement）です。

ちなみに、土地賃貸借契約書を英語にすると「Land Lease Agreement」、住宅の建物賃貸借契約書を英語にすると「Residential Lease Agreement」です。

一方、日本の実務では「リース」はリース会社の顧客に対する器具・設備などの長期貸出契約を指します。つまり、世界で認識されているリースと日本で認識されているリースは、対象物が全く違うのです。

日本における典型的なリース取引は、図表12・1のような形態です。日本のリース契約は、ほとんどが所有権移転外ファイナンス・リースです。リース会社がサプライヤー（メーカー等）からユーザーの代わりに物件（たとえばコピー機）を購入し、ユーザーはその代金をリース会社に対してリース料として支払います。

日本において、リース会社は金融業に分類されています。これは、リース会社がユーザーに対して与信（ファイナンス）行為を行うためです。物件購入代金をユーザーの代わりに立替払いするため、リース会社はユーザーの債権者になります。これは、金銭消費貸借契約（ローン契約）における貸主と借主の関係と同じです。

さらに、物件の搬入・メンテナンスはサプライヤー（メーカー等）が行うため、日本のリース会社の役割は与信機能のみです。

リース会計基準におけるリースは、貸主と借主しか存在しない図表12・2のような単純化された形態です。日本の実務とリース会計基準では「サプライヤー」の意味が違います。

❖リース会計基準の想定する取引形態は日本の実務と違う！

図表12・1 日本における典型的なリース取引

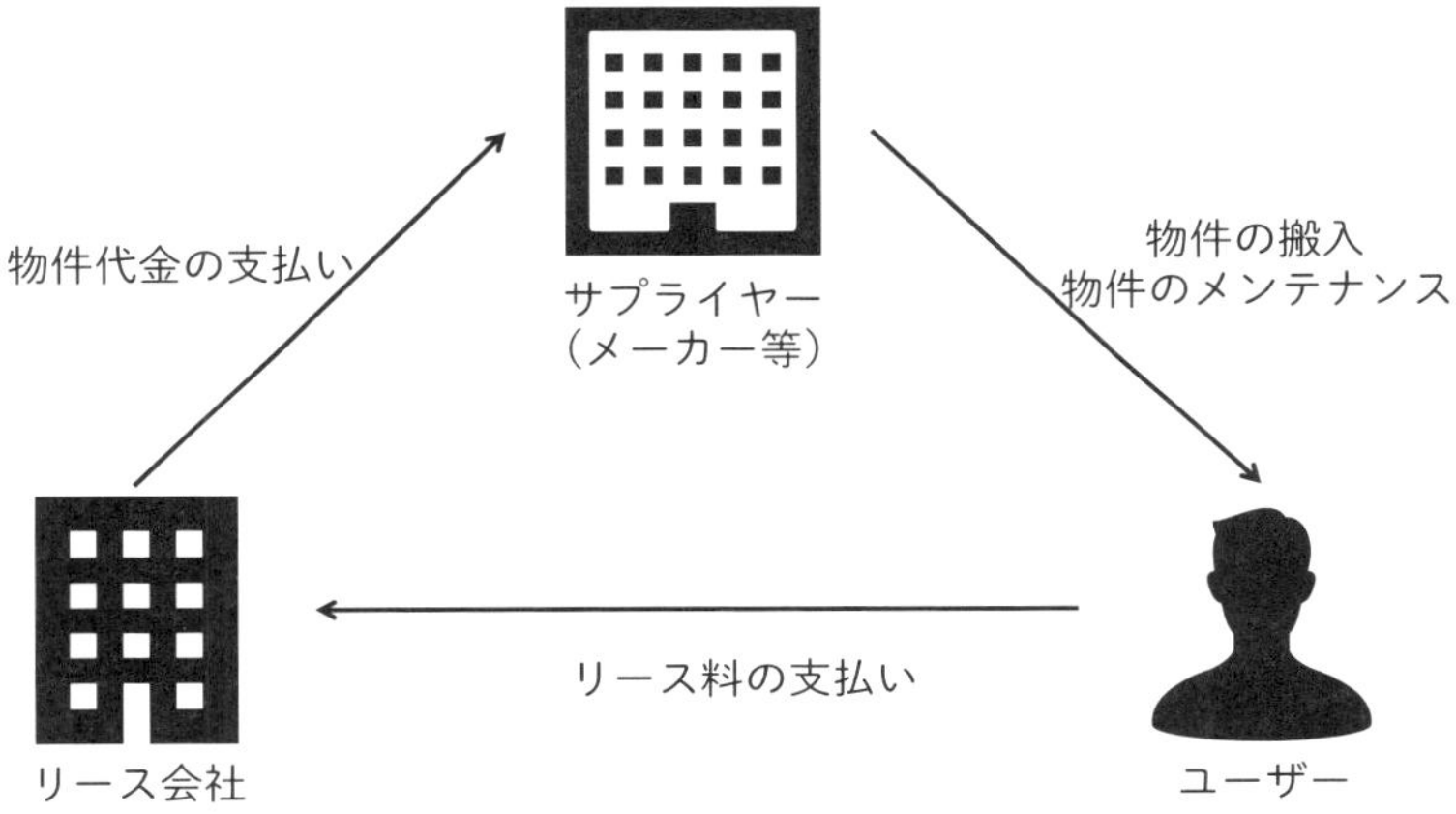

図表12・2 リース会計基準におけるリース取引

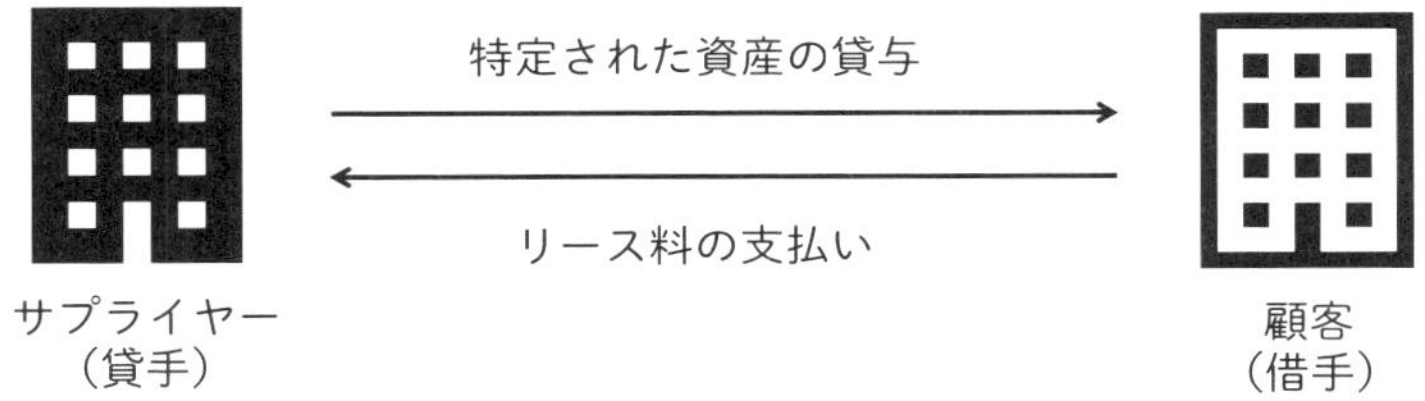

13 日本におけるリース取引の対象

日本におけるリース取引の対象資産は、主に動産（機械、装置、器具備品、輸送用機器、自動車）およびソフトウェアです。

具体的には、情報通信機器（基地局、パソコン、ソフトウェア）、事務用機器（コピー機）、産業機械（トラクター、コンバイン）、自動車、医療機器（CTスキャナー）、商業機器（レジ、ATM）など、さまざまな資産がリースの対象です。

ここで、リースの市場規模を見てみましょう。左の図表13は2021年「経済センサス活動調査」（総務省・経済産業省）におけるリース・レンタルの年間売上高と不動産賃貸業、不動産取引業の年間売上高を比較したものです。

リース対象資産の第1位は自動車、第2位は電子計算機です。レンタルでは土木建設機械が第1位です。

契約形態は国内リース取引の80％以上がファイナンス・リース、残りがオペレーティング・リースです。

リースの年間売上高は8・8兆円、レンタルが4・3兆円です。リースとレンタルを合わせた年間売上高は13兆円ですから、日本のリース・レンタルの市場規模は巨大だと言えるでしょう。一説には、企業の設備投資の約10％がリースによって行われていると言われています。

一方、不動産賃貸業の年間売上高は18・2兆円です。リース・レンタル市場よりも不動産賃貸借市場のほうが規模は遥かに大きいのです。

巨大な市場規模の不動産賃貸借取引の会計処理が売買処理になれば、オンバランスされるリースの資産・負債は従来の2倍以上になるでしょう。

❖リースよりも不動産賃貸借取引のほうが市場規模は大きい！

図表13 リースと不動産賃貸借取引の売上の比較

（単位：10億円）

	リース			レンタル	リース・レンタル計
	FL	OL	計		
通信機器	787	18	805	101	905
電子計算機	1,542	45	1,587	135	1,722
事務用機器	467	12	479	74	553
産業機械	767	91	858	328	1,187
土木建設機械	234	88	322	1,658	1,981
自動車	1,494	1,061	2,555	586	3,140
医療機器	339	13	352	123	476
その他の産業用機械・設備	155	140	295	246	541
商業用・サービス機械・設備	385	34	420	127	547
サービス業用機械・設備	321	15	336	49	384
その他	655	120	775	857	1,631
合計	7,146	1,638	8,783	4,283	13,067

業　種	金　額
不動産賃貸業	18,213
不動産取引業	16,198

出所：総務省・経済産業省「令和３年経済センサス活動調査」における物品賃貸業の金額

リースは企業の設備投資に利用されているから市場規模は大きい。
でも，不動産賃貸借取引のほうがもっと規模が大きいんだ。

14

リースに似た紛らわしい契約

リース会計基準の「リース」と、日本の実務で使う「リース」は範囲が違います。さらに日本には、賃貸借契約なのにリースとはいわない契約がたくさんあります。紛らわしくて混乱する方もいると思いますから、ここではリースに似た契約について説明します。

日本では、不動産賃貸借契約、リース契約、レンタル契約、割賦販売契約は似ているものの、別物として取引されています。これらを比較したのが左の図表14です。

これらの契約は、特定の資産を対象とし、契約期間において金銭の支払いが発生します。会計上は不動産賃貸借契約、リース契約、レンタル契約はリース、割賦販売契約は売買取引です。

対象となる資産は、不動産賃貸借契約以外はすべての資産です。リース契約に多い資産（自動車や電子計算機など）、レンタル契約に多い資産（土木建設機械など）のように、一定の傾向はあるものの、それ以外の資産も対象になります。

レンタルよりもリースのほうが、契約期間が長い傾向があるものの、必ずしもリースのほうが長いとは言い切れません。

不動産賃貸借契約、リース契約、レンタル契約は賃貸借契約（リース）ですから、所有権は貸手にあります。割賦販売契約はすでに買主が購入済（代金は未払い）ですから、所有権は買主にあります。ただし、一般的に割賦販売契約の売主は買主が代金を完済するまで所有権を留保するため、実質的にはリースと同じです。

不動産賃貸借契約、リース契約、レンタル契約、割賦販売契約は形式的には別物として扱われています。しかし、これらの経済実態は同じなのです。

❖リースに似た契約を比較しよう！

図表14 各取引の比較

	不動産賃貸借契約	リース	レンタル	割賦販売
対象の資産	土地または建物	動産およびソフトウェア	建設機器，自動車など汎用性のある資産	すべての資産
契約期間	長期	長期	短期（長期の場合もあり）	長期（短期の場合もあり）
ユーザー（顧客）	個人・法人	法人	個人・法人	個人・法人
物件の所有権	オーナー（貸手）	リース会社（貸手）	レンタル会社（貸手）	買主（売主が所有権留保）
契約終了時	借主は物件から退去	終了，買取りまたは再リース	返還	所有権留保の解除
主な会計上の扱い	オペレーティング・リース	ファイナンス・リース	オペレーティング・リース	売買契約

ここでの短期は１年以内，長期は１年超としています。

違う言い方をするけど，経済実態はほとんど同じだね。

15 日本のリースの当事者と契約の流れ

日本のリース会社が主体となるリース取引の当事者は、リース会計基準の当事者の定義と異なります。

日本のリース取引の当事者は、ユーザー（顧客）、サプライヤー（メーカー等）、リース会社です。リース会計基準のサプライヤーは、貸手（リース会社）です。

まず、当事者の代金の受取・支払方法は、図表15・1の通りです。

ユーザーは資産（たとえばパソコン）を分割払いで購入または一定期間利用したいと考えています。一方、サプライヤーは資産の売買代金を一括で受領したいと考えています。

この売主（サプライヤー）と買主（ユーザー）の間に入るのが、リース会社です。リース会社はサプライヤーから資産を購入して代金を一括で支払います。ユーザーからは代金を分割で受け取ります。

日本のリース契約は、図表15・2のような三者契約です。

ユーザーが使用したい資産を特定した後、ユーザーとリース会社がリース契約を締結します（①）。リース会社は、ユーザーが利用する資産をサプライヤーから購入します（②）。サプライヤーは資産をユーザーの事業所に搬入します（③）。資産の到着後、リース会社はサプライヤーに売買代金を支払います（④）。

ユーザーはリース期間においてリース会社にリース料を支払います（⑤）。リース期間中の資産の保守・修繕等はサプライヤーが行います（⑥）。

リース会計基準で使用される用語と日本のリース実務は異なるものの、日本におけるリース会社は、リース会計基準のサプライヤーであると理解してください。

❖日本のリース取引の流れを理解しておこう！

図表15・1 当事者の代金の受取・支払方法

当事者	代金の受取方法	代金の支払方法
ユーザー（借手）	―	分割
リース会社（貸手）	分割	一括
サプライヤー	一括	―

図表15・2 リース取引の流れ

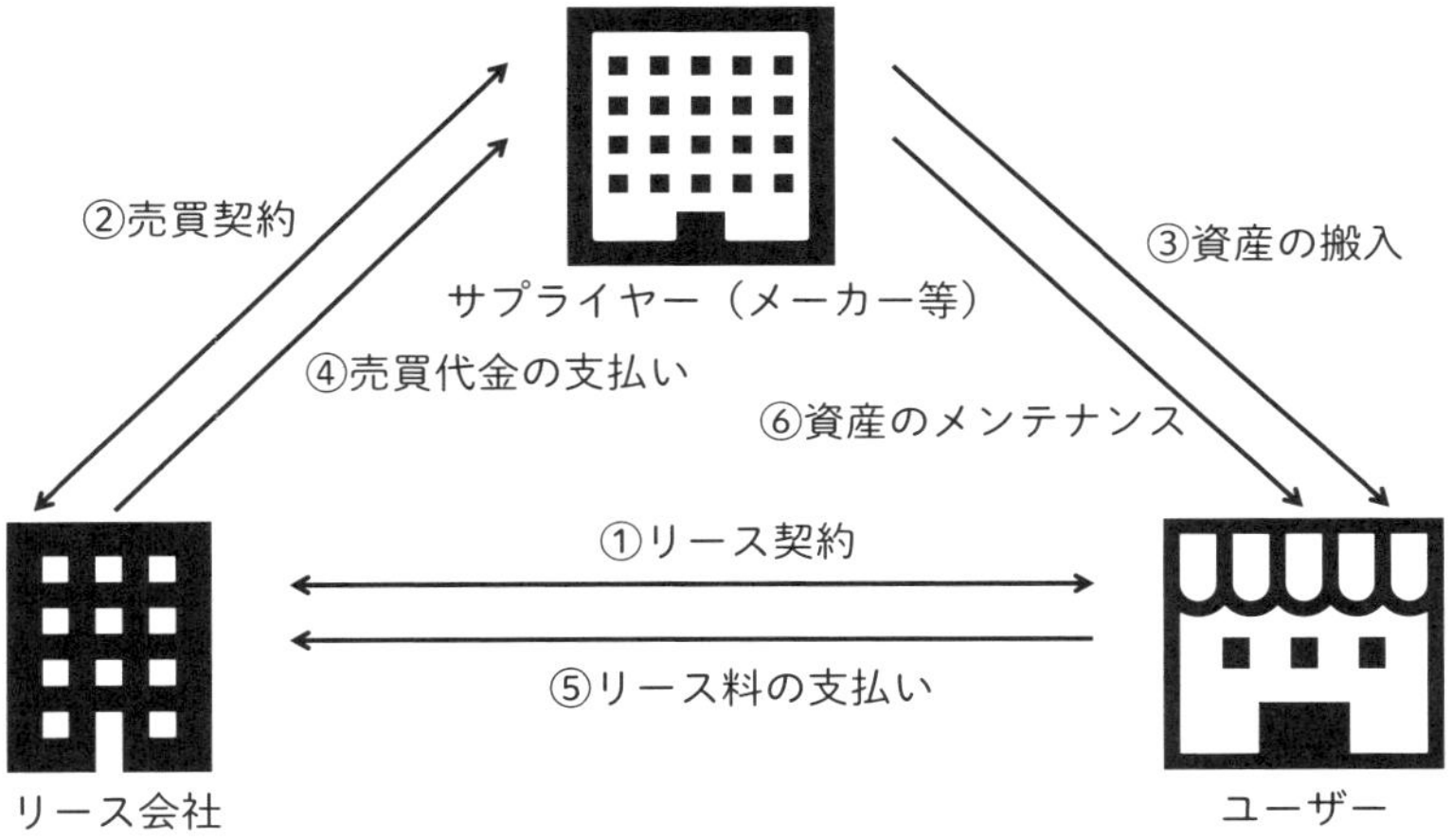

＊リース会社の代金支払いは売買契約の条件によるため，前後する可能性があります。

16 すべての賃貸借契約がリースではない

ここまで、賃貸借契約＝リースと説明してきました。概ね間違いではないものの、正しくはありません。

リースの判定方法を図示したのが図表16・1です。このうち、1つ目「リースである」がNoの賃貸借契約があります。

リース会計基準におけるリースは、以下の2つを満たす契約です。

① **特定された資産**

② **使用を支配する権利**（経済的利益の享受、指図権）**が移転**

※この要件については、43で詳しく説明します。

不動産賃貸借契約は物件が特定されており、その場所を自由に使える（商売してもいい）のでリースに該当するものが多いでしょう。

それでも、すべての不動産賃貸借契約がリースになるわけではありません。

他社のオフィスを間借りしている場合は、借手に物件の指図権がありません。この場合の不動産賃貸借契約は、リースには該当しません。

図示すると、図表16・2のようなイメージ（賃貸借契約とリースの関係）になります。物件の特定、支配権によってはリース以外の賃貸借契約が存在します。

特殊なケースではあるものの、リースに該当しない不動産賃貸借契約があることを頭の片隅に入れておいてください。

❖リースに該当しない賃貸借契約がある！

図表16・1 リースの種類

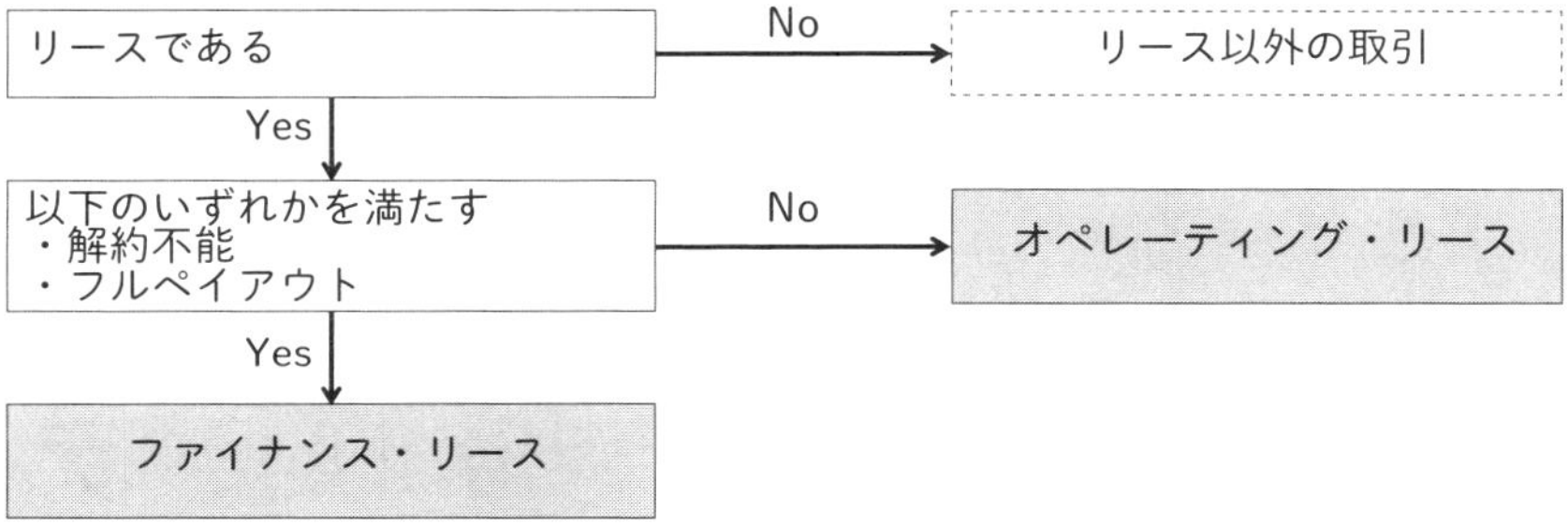

図表16・2 賃貸借契約とリースの関係

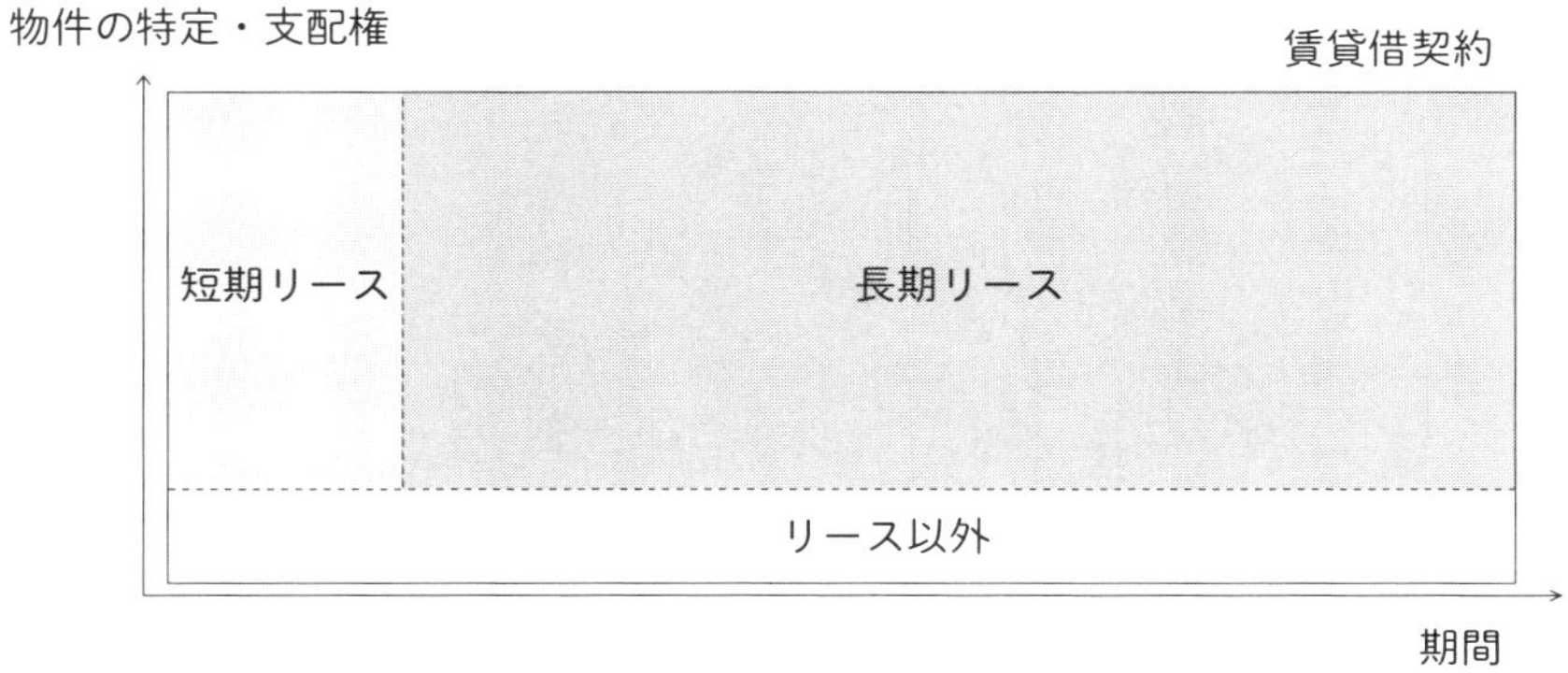

17 ファイナンス・リースとオペレーティング・リース

リース会計基準におけるリースは、ファイナンス・リースとオペレーティング・リースのどちらかです。どちらであっても借手の会計処理は同じなので、借手にとってこの2つの違いは重要ではありません。ですが、貸手の会計処理は違います（図表17・1）。

13で示したように、日本のリース会社が取り扱うリースのうち、80%以上はファイナンス・リースです。それくらい、日本においてファイナンス・リースは浸透しています。

ファイナンス・リースは、解約不能でフルペイアウト（ほぼ全額負担）のリースです。判定基準は図表17・2の通りです。

解約不能のリースは、契約内容から判断します。契約上は解約可能でも事実上解約できないリースも存在します。たとえば、図表17・3のようなリースは解約不能のリースとみなされます。

フルペイアウトは、借手がリース物件からもたらされる経済的利益を実質的に享受でき、かつ、使用に伴って生じるコストを実質的に負担することです。

リース会計基準ではこの要件を現在価値基準と経済的耐用年数基準で判断します。どちらかに該当すれば、フルペイアウトとみなします。ほとんどのファイナンス・リースは現在価値基準に該当します。経済的耐用年数基準のみが該当するファイナンス・リースはほとんどありません。

ちなみに、サブリースにおけるファイナンス・リースのフルペイアウトの要件（詳しくは77で説明）はここで紹介したものとは異なりますから留意してください。

❖ FL と OL の区別は貸手にとって重要！

図表 17・1 借手と貸手の会計処理方法

当事者	ファイナンス・リース	オペレーティング・リース
借手	売買処理	売買処理
貸手	売買処理	賃貸借処理

図表 17・2 ファイナンス・リースの判定基準

	判定基準	内　容
解約不能	—	リース期間の中途で契約を解除することができないリース取引
フルペイアウト	現在価値基準	解約不能のリース期間中のリース料総額の現在価値が見積購入価額の概ね 90% 以上であること
	経済的耐用年数基準	解約不能のリース期間が，リース物件の経済的耐用年数の概ね 75% 以上であること

＊「解約不能」を「ノンキャンセラブル」という場合があります。

図表 17・3 解約不能の例

#	内　容
1	契約上明記されている場合
2	解約時に未経過リース料の概ね全額を損害金として支払う場合
3	解約時に未経過リース料から利息相当額を差し引いた全額を損害金として支払う場合

18

所有権移転ファイナンス・リースと所有権移転外ファイナンス・リース

リース契約のリース期間が終了し、リース対象資産の所有権が借手に移転するものを、所有権移転ファイナンス・リースといいます。

所有権移転外ファイナンス・リースは、所有権移転ファイナンス・リース以外のファイナンス・リースです。

なお、不動産賃貸借契約には、所有権移転ファイナンス・リースは基本的にありません。

01で説明したように、2007年までは所有権移転ファイナンス・リースと所有権移転外ファイナンス・リースの会計処理方法が違いました。その当時においては、この2つの区分は非常に重要なことでした。

しかし、現行のリース会計基準以降は所有権移転ファイナンス・リースと所有権移転外ファイナンス・リースは売買処理とされているため、会計処理において大きな違いはありません（厳密には違います）。

リースの借手の会計処理を比較したものが図表18・1です。減価償却の方法、契約終了時の会計処理が異なります。

リースの貸手の会計処理は図表18・2です。所有権移転外ファイナンス・リースは最終のリース料支払時に見積残存価額で貯蔵品（備品等の場合）または固定資産等に計上するため、利息法（元本＋利息）において見積残存価額を考慮します。

いずれにしても、不動産関係者は所有権移転外ファイナンス・リースの会計処理だけ覚えておけばいいでしょう。

❖所有権移転の有無による会計処理の違い

図表18・1 借手の会計処理

	所有権移転FL	所有権移転外FL
使用権資産の減価償却の方法	自ら所有していたと仮定した場合に適用する減価償却方法と同一の方法	リース期間における定額法
契約終了時	使用権資産の簿価で資産計上	資産・負債はゼロ

図表18・2 貸手の会計処理

	所有権移転FL	所有権移転外FL
資産の勘定科目	リース債権	リース投資資産
利息法（元本＋受取利息）の額	リース料	リース料＋見積残存価額
資産の減価償却の方法	リース期間における定額法	見積残存価額を控除したリース期間における定額法
契約終了時	ゼロ	見積残存価額で資産計上

19 不動産のファイナンス・リース

不動産（土地・建物）を賃貸する場合、**貸手**はその賃貸借契約がファイナンス・リースに該当するか、オペレーティング・リースに該当するかを判定します。どちらに該当するかによって貸手の会計処理が異なるからです。

不動産のファイナンス・リースの判定は少し特殊ですから、ここで解説します。

まず、土地には経済的耐用年数がありません（無限大）。このため、土地の賃貸借契約においては、リース期間の終了時にリース対象資産の所有権が借手に移転するものや、割安購入選択権が確実に行使されるものはファイナンス・リースとみなし、それ以外はオペレーティング・リースに区分します 図表19・1。

つまり、所有権移転＝ファイナンス・リース、所有権移転外＝オペレーティング・リースと判定します。

次に、不動産の賃貸借契約では、土地と建物を一括して賃貸します。たとえば、工場（建物）を賃貸する場合、その敷地（土地）も対象に含みます。

土地と建物を一括したリース（「建物賃貸借契約」と記載されている契約も含む）は、リース料を土地に係る部分と、建物等に係る部分に合理的な方法で分割します。そのうえで、建物の現在価値基準を判定します 図表19・2。

つまり、不動産賃貸借契約では土地と建物を別々の契約としてファイナンス・リースに該当するか否かを判定するのです。同じ不動産賃貸借契約でも土地はオペレーティング・リース、建物はファイナンス・リースと判定されるケースもあり得ます。

❖土地と建物は FL の判定基準が違う！

図表 19・1 土地のリースの判定

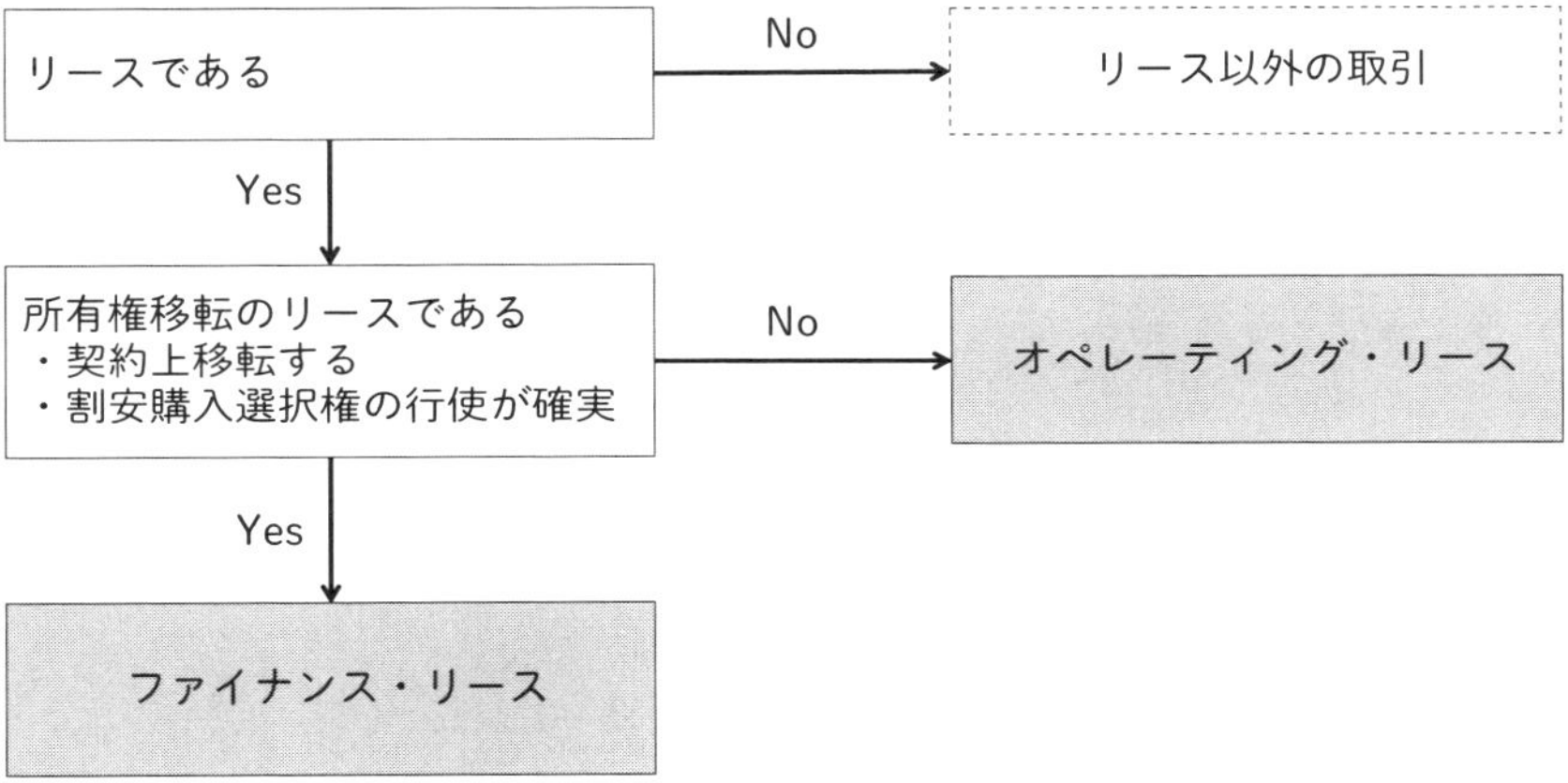

図表 19・2 建物のリースの判定

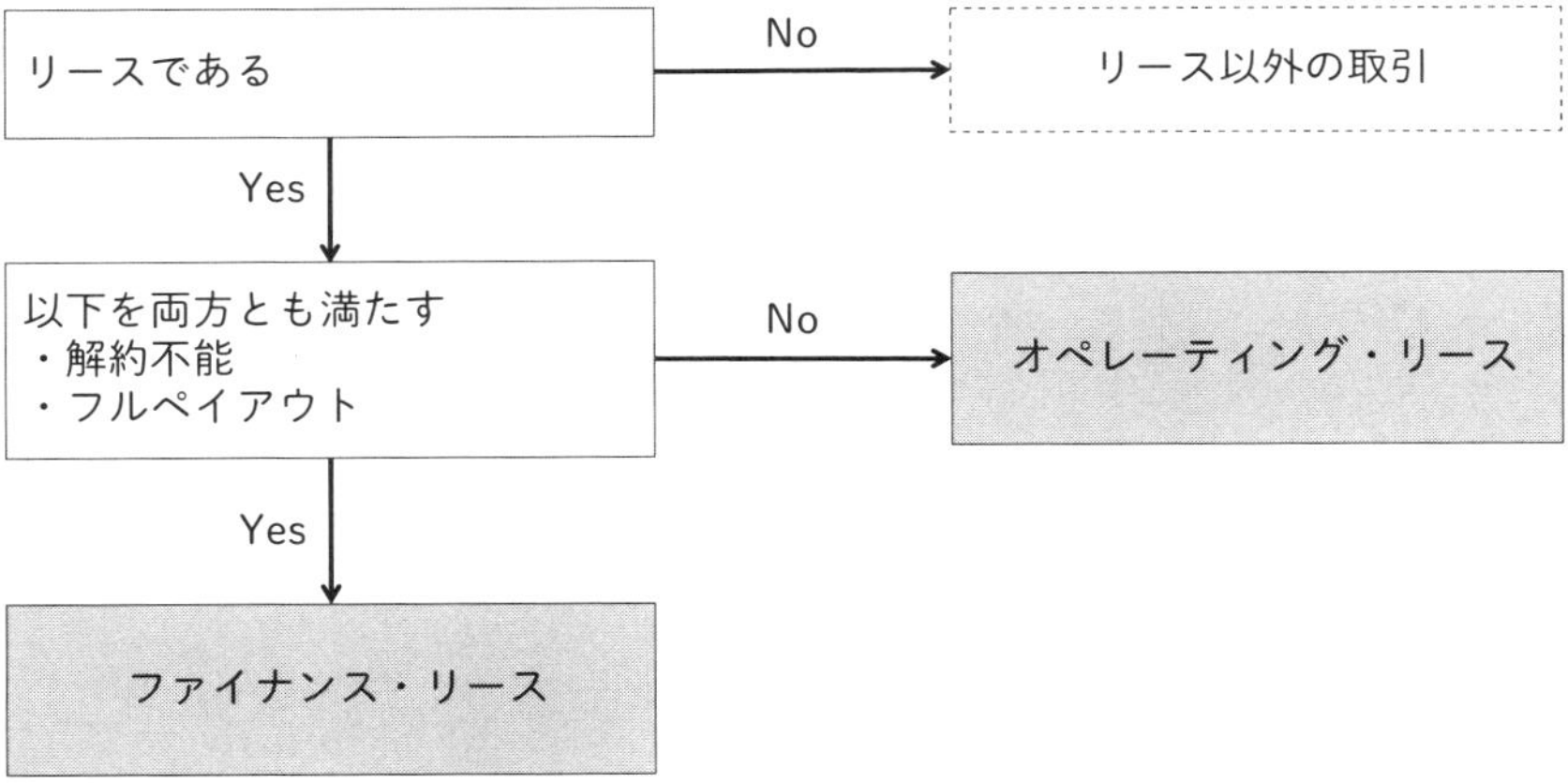

＊現在価値基準の判定においては，土地と建物のリース料に分割したうえで，建物のみで判定します。

20 不動産の類型によって賃貸借契約は違う

リース会計基準が想定している賃貸借契約は単純なものです。しかし、不動産はその類型（有形的利用および権利関係の態様に応じて区分される不動産の分類）によって賃貸借契約の形態が異なります。不動産賃貸借契約の対象となる不動産の権利関係が複数あるからです。

ここでは、賃貸借契約の対象となる不動産の類型を図表20・1の3つのパターンとして説明します。

まず、更地（図表20・1の左側）の所有者A氏が、土地賃貸借契約を賃借人C氏と締結します（図表20・2）。土地には耐用年数がありませんから、この賃貸借契約はオペレーティング・リースです。

なお、土地の賃貸借契約には複数の種類（一般定期借地権など）があり、それぞれリース期間の考え方が異なります。この点は63で説明します。

次に、自用の建物およびその敷地（図表20・1の真ん中）の所有者A氏が建物賃貸借契約書を賃借人C氏と締結します（図表20・3）。賃貸後の類型は「貸家およびその敷地」です。

土地をB氏から借りて建物を建てた（借地権付建物：図表20・1の右側）A氏が、賃借人C氏と建物賃貸借契約を締結します。この場合、A氏はB氏との土地賃貸借契約における借手で、C氏との建物賃貸借契約において貸手です（図表20・4）。完全所有権の不動産と比べると権利関係が複雑で、A氏はリースにおける借手と貸手の地位が混在することになります。

このように、不動産賃貸借契約はリース会計基準が想定している単純な賃貸借契約ではありません。不動産賃貸借契約の複雑性は会計処理に影響するのです。

❖不動産の権利関係は複雑！

図表20・1 賃貸借契約の対象となる不動産

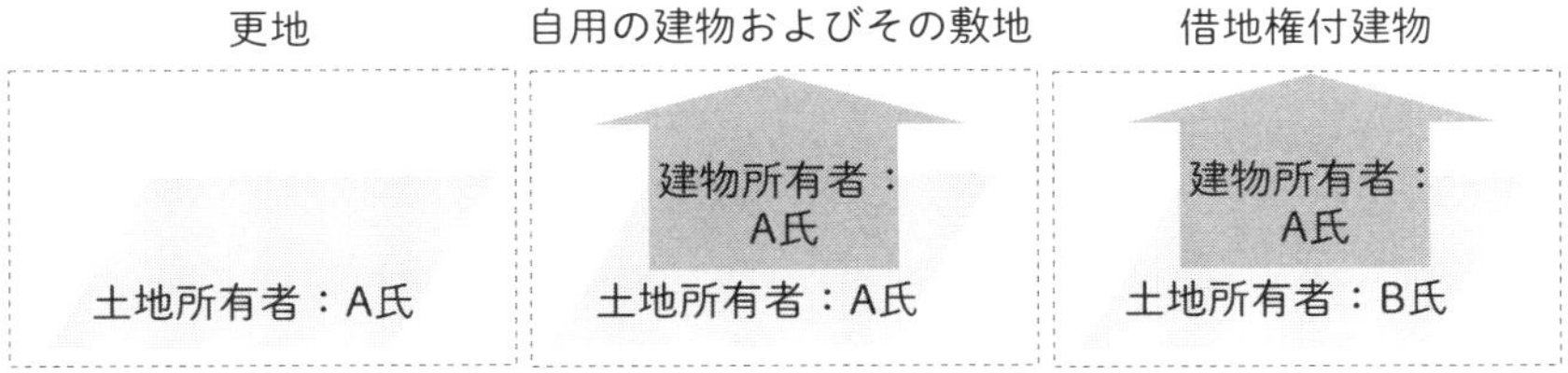

図表20・2 土地の賃貸借契約

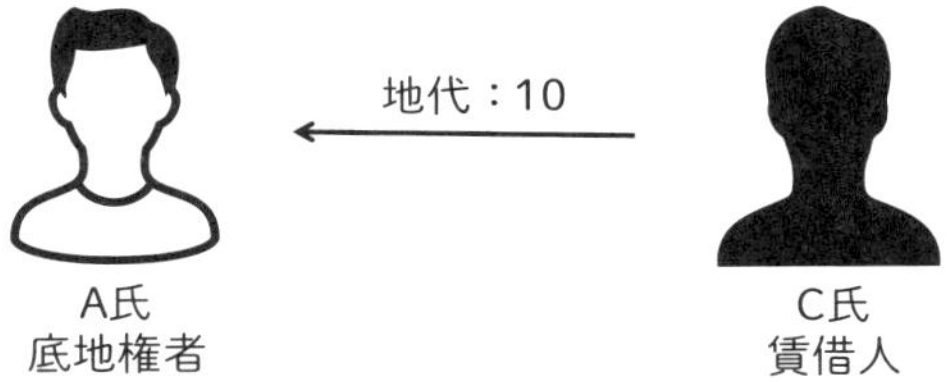

図表20・3 建物およびその敷地の賃貸借契約

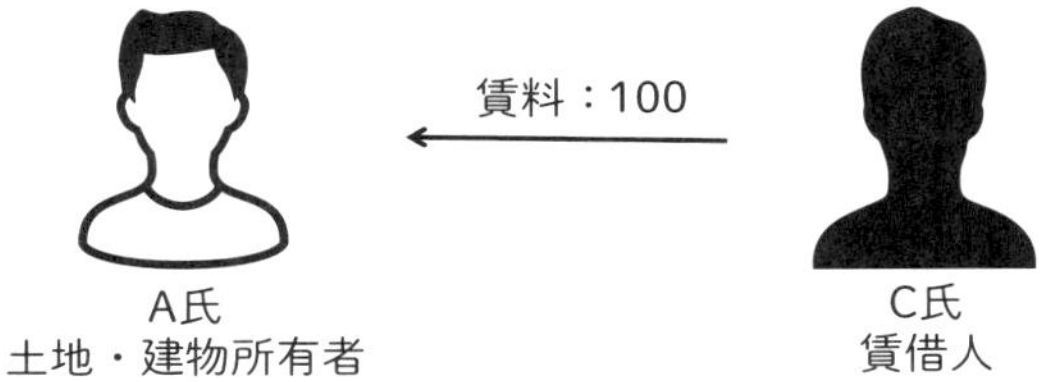

図表20・4 借地権付建物の賃貸借契約

21 土地・建物の賃貸借契約の種類

前述の通り、不動産賃貸借契約はリース会計基準が想定している単純な賃貸借契約とは異なります。土地・建物の賃貸借契約には、いくつかの種類があります。特に、土地を一度賃貸すると数十年、場合によっては数百年もの間、所有者に戻ってこないからです。

まず、土地の賃貸借契約について説明します。借地契約による権利（**借地権**）には地上権と賃借権の2種類があり（図表21・1）、ここで説明するのは賃借権についてです。

借地権の種類を比較したものが図表21・2です。

普通借地権には、契約期間が実質的にありません。いったん貸してしまうと、いつまでも底地権者に土地が返ってこないという事態も生じえます。それでは困りますから、一般定期借地権、建物譲渡特約付借地権、事業用定期借地権が存在します。借家契約についても同様に、定期借家契約、一時使用賃貸借契約があります（図表21・3）。

リース会計基準に従って会計処理をするためには、リース期間を決定しなければいけません。一般定期借地権、建物譲渡特約付借地権、事業用定期借地権は契約期間が確定しているため、リース期間の上限は契約期間です。定期借家契約も同様です。

しかし、普通借地権や普通借家契約の場合、借手は延長オプションを行使することができるため、リース期間は契約期間を超えることもあります。つまり、借手の状況（事業計画など）を勘案してリース期間を決定する必要があるのです。

このように、土地・建物の賃貸借契約には複数の種類があり、その契約形態がリース期間の決定に影響を与えるのです。

❖不動産は契約の種類によって契約期間が違う！

図表21・1 借地権の種類

種　類	内　　容
地上権	土地を使用する事ができる物権 （土地を直接的に支配する権利）
賃借権	土地を使用できる債権 （土地の利用を請求する権利）

図表21・2 借地権の種類

名　　称	主な用途等	契約期間
普通借地権	特になし	実質的になし
一般定期借地権	住宅用として土地を賃借する借地権	50年以上
建物譲渡特約付借地権	契約期間が経過した後に土地所有者に譲渡することを特約する借地権	30年以上
事業用定期借地権	事業用（店舗や商業施設等）で土地を賃借する借地権	10年以上50年未満

＊旧法（借地法）における借地権は省略します。

図表21・3 借家契約の種類

名　　称	内　　容
普通借家契約	貸主は正当な理由がない限り，契約の更新を拒絶できない
定期借家契約	契約期間が満了すれば借家契約が終了する
一時使用賃貸借契約	一時使用を目的として結ばれる賃貸借契約

コラム

こんな不動産賃貸借取引が増えそうだ

リース会計基準の改正によって，大部分の不動産賃貸借取引の借手の会計処理は売買処理になります。しかし，企業のオフバランスのニーズは強いため，賃貸借処理できる不動産賃貸借契約が今後増えるでしょう。

賃貸借処理できる不動産賃貸借契約とは，①資産が特定されない，②契約期間が短期，③契約金額が少額，のいずれかです。

まず，リースの対象は「特定された資産」です。賃貸借契約において使用する資産が毎回違っている場合はリースではありません。たとえば，シェアオフィスは資産が特定されない不動産賃貸借契約なので，リースには該当しません（詳しくは47で説明します）。

短期リースとは契約期間が12カ月以内のリースです。この場合はリースに該当しても賃貸借処理できます。

さらに，契約金額が少額の場合（リース契約1件当たりの借手のリース料が300万円以下など），金額的重要性から賃貸借処理が容認されています。

今後はこれらを満たす不動産賃貸借取引が増えそうです。

【不動産賃貸借契約の比較】

	資産の特定	リース期間	金額基準	判　定
通常の賃貸借契約	○	○	○	売買処理
資産が特定されない賃貸借契約	×	―	―	賃貸借処理
短期の賃貸借契約	○	×	―	賃貸借処理
少額の賃貸借契約	○	―	×	賃貸借処理

○：該当する，×：該当しない，―：不明

第3章

リース会計基準の基本的な考え方を理解しよう

リース会計基準の考え方は，他の会計基準と少し違います。

リース会計基準を正しく理解するためには，リース会計基準の基本的な考え方，つまり「コンセプト」を理解しておいたほうがよいでしょう。

リース会計基準の詳細な取扱いを学ぶ前に，ここでは基本的な事項について解説します。

22 リース会計基準のコンセプトを理解しよう

リース会計基準では、リースを**「使用権の売買」**＋**「貸付・借入」**と考えています。これが売買処理の基本的な考え方です。資産の貸し借りとは考えません。

不動産賃貸借契約を例に説明しましょう。

図表22・1はリース会計基準における不動産賃貸借取引の開始時のイメージです。

不動産の10年間（リース期間）の使用権（時価100）を貸手（B社）から借手（A社）が取得します。借手は、その代金100を貸手から借りて、貸手に支払います。

取引開始時における借手の資産は使用権資産、負債はリース負債（借入金）です。

賃料（リース料）の支払額11は、リース負債（借入金）の元本返済10と利息返済1と考えます（図表22・2）。

したがって、リース料の支払額11は全額を費用計上せずに、支払利息1だけを費用計上します。

一方、借手の貸借対照表に不動産の使用権（使用権資産）が計上されているため、決算時に減価償却が必要です。

つまり、リースの借手の費用計上額は支払リース料ではなく、リース負債（借入金）の支払利息と使用権資産の減価償却費です（図表22・3）。

このように、リース会計基準ではリースを**「使用権の売買」**＋**「貸付・借入」**と考えるため、会計処理はそれを前提としたものになるのが特徴です。

❖リースは「使用権の売買」＋「貸付・借入」と考える

図表22・1 不動産賃貸借取引の開始時

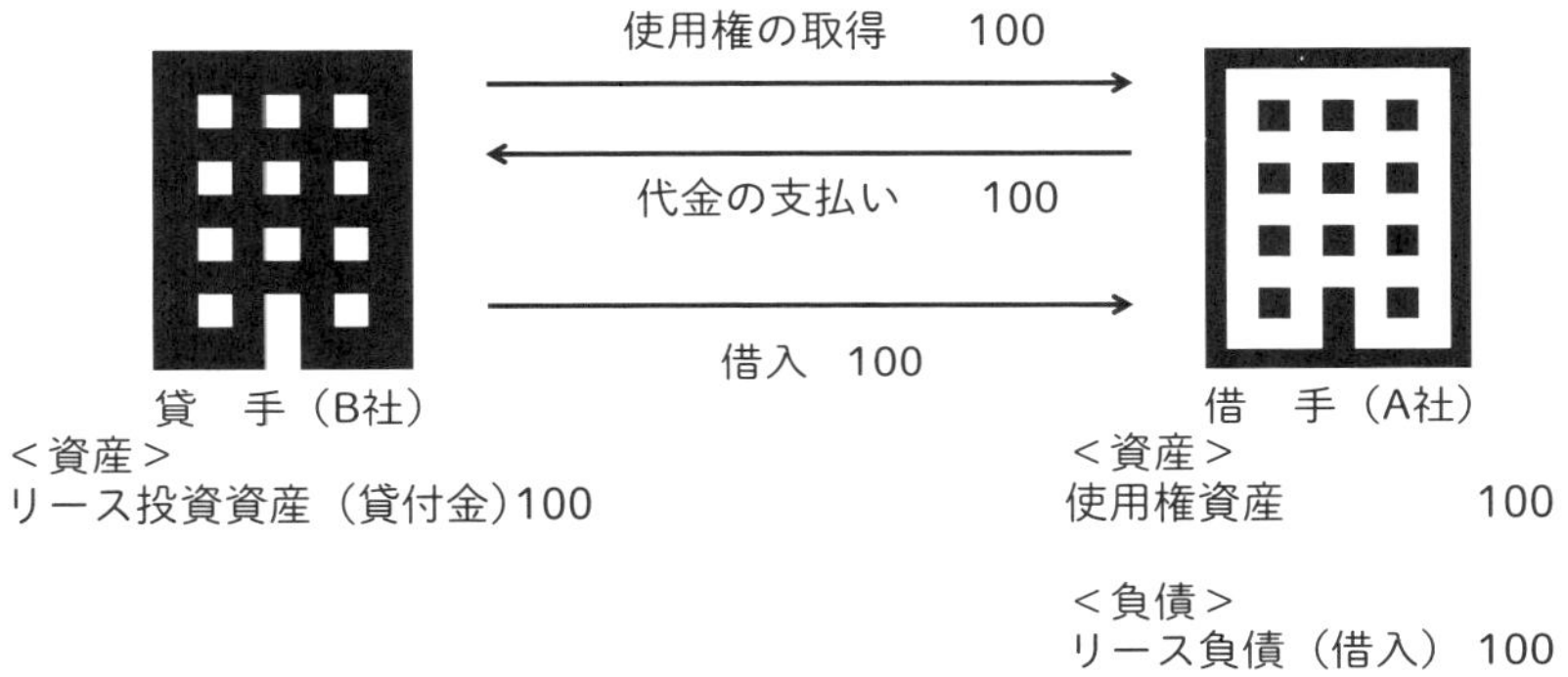

図表22・2 不動産賃貸借取引の賃料支払時

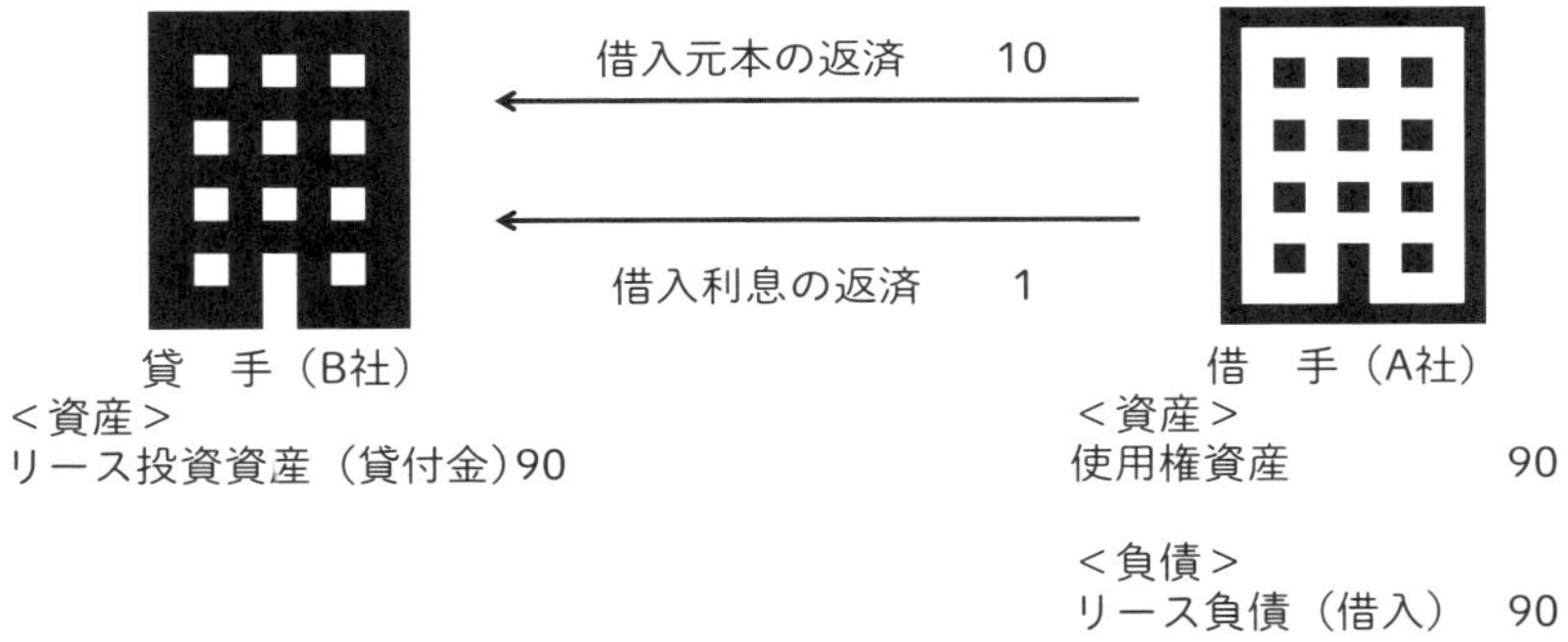

図表22・3 借手の費用

科　　目	金　　額
支払利息	1
減価償却費	10
合計	11

＊減価償却費は使用権資産の取得価額100をリース期間10年の定額法で償却するものとしています。

23 借入金で不動産を取得する場合の会計処理

リース会計基準は、リースを

「使用権の売買」＋「貸付・借入」

と考えます。リースの経済実態は借入金で固定資産を取得するのと同じだからです。なので、リースは金融取引ともいわれます。

ここでは、リース会計基準における借手の会計処理の理解を深めるために、借入金で固定資産を取得した場合の会計処理を説明します。

まず、不動産、借入金の条件は図表23・1とし、買主は時価100億円の不動産を借入金100億円で取得します（図表23・2）。

物件を取得した後、借入金の元利金を年間13億円返済します（図表23・3）。

※借入金利が年率5％、10年間の元利均等返済（元本＋利息の返済金額が毎回同額）の毎年の返済額は約13億円です。計算方法は37で説明します。

決算日には保有する固定資産（建物）を減価償却します。耐用年数が10年、残存価額が0円ですから減価償却費は年間10億円です（図表23・4）。

以上が借入金で不動産を取得する場合の会計処理のすべてです。

ここで重要なのが、不動産の耐用年数と借入金の返済年数が同じであること、借入の返済方法が元利均等返済であることです。

この考え方がリースの会計処理の基本となります。

❖「不動産の取得」＋「借入」の会計処理

図表 23・1 前提

・不動産価格：100 億円　　・耐用年数：10 年
・償却方法：定額法　　・残存価額：0 円
・借入金：100 億円　　・金利：年率 5％
・返済期間：10 年の元利均等返済

図表 23・2 不動産の購入

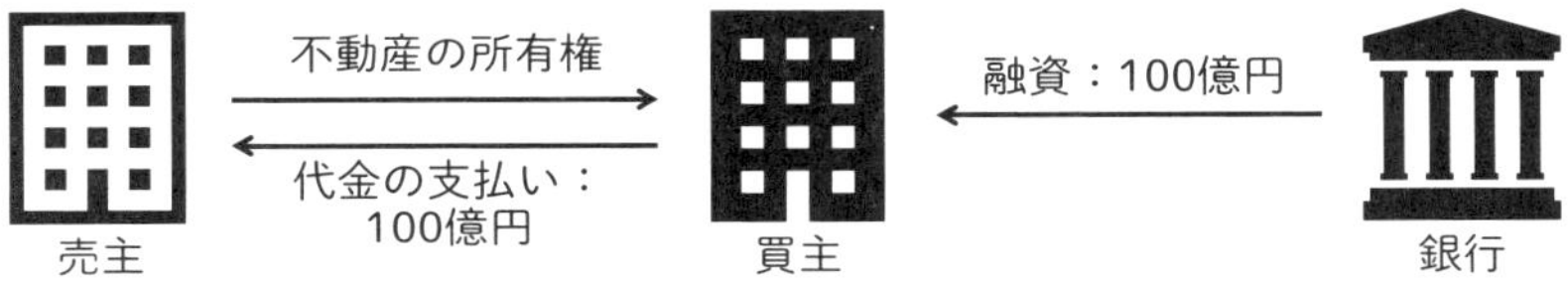

（借）	建物	100 億円	（貸）	借入金	100 億円

図表 23・3 元利金返済

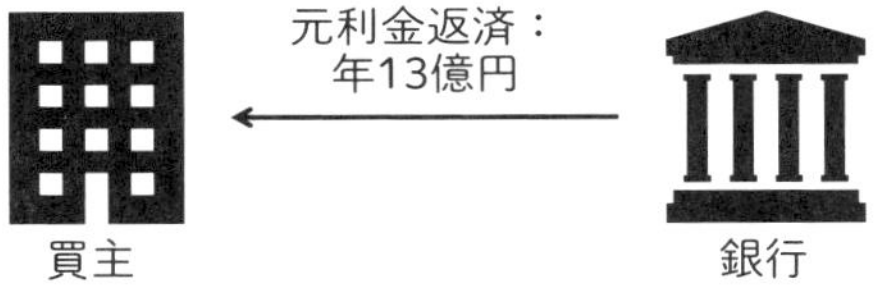

・元利金返済（1 年目）

（借）	借入金	8 億円	（貸）	現金預金	13 億円
	支払利息	5 億円			

＊支払利息＝返済前元本 100 億円× 5 ％＝ 5 億円

・元利金返済（2 年目）

（借）	借入金	8.4 億円	（貸）	現金預金	13 億円
	支払利息	4.6 億円			

＊支払利息＝返済前元本 92 億円× 5 ％＝4.6 億円

図表 23・4 減価償却費の計上

（借）	減価償却費	10 億円	（貸）	減価償却累計額	10 億円

＊減価償却費＝（建物の取得価額－残存価額）÷耐用年数
＝100 億円÷10 年
＝10 億円

24 リースで不動産の使用権を取得する場合の会計処理

次に、リースで不動産を賃借する場合の借手の会計処理を説明しましょう。

リース物件（不動産）の本体価格、リース契約の内容は図表24・1です。不動産の本体価格100億円に対して賃料（リース料）総額が130億円なので、賃貸借契約（リース）には利息相当額が30億円含まれています。

まず、リースは使用権を取得する取引です。借手はオーナー（貸手）から不動産の使用権を取得し、その代金総額130億円を分割払いすることを契約します。これが不動産賃貸借契約（リース契約）です。

借手はリース開始日に使用権資産（資産の使用権）とリース負債（借入金）を貸借対照表に計上します（図表24・2）。ここで、使用権資産とリース負債は利息相当額30億円を含まないので、気をつけてください。

リース期間において、借手は貸手にリース料（賃料）を支払います。支払リース料の中には利息相当額も含まれます。このため、借手は支払リース料をリース負債と支払利息に分けて会計処理します（図表24・3）。

決算日には保有する使用権資産（資産の使用権）を減価償却します。使用権資産は耐用年数（契約期間）が10年、残存価額が0円なので、減価償却費は年間10億円です（図表24・4）。

これがリースで不動産の使用権を取得する場合の会計処理です。

借入金で固定資産を取得する場合（23）とほとんど同じですね。

❖「使用権の取得」＋「借入」の会計処理

図表 24・1 前提

・リース物件の本体価格：100 億円　・耐用年数：10 年
・償却方法：定額法　・残存価額：０円
・リース料総額：130 億円　・金利：年率５％　・返済期間：10 年

図表 24・2 不動産の使用権の取得

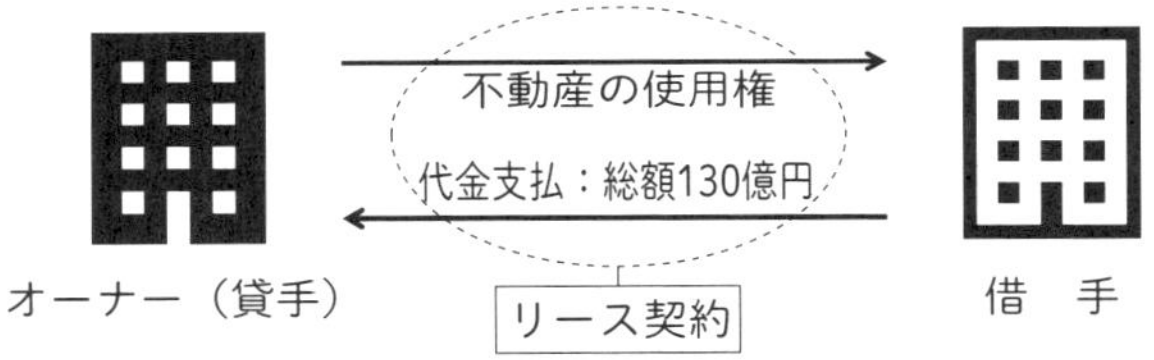

（借）	使用権資産	100 億円	（貸）	リース負債	100 億円

図表 24・3 不動産の転貸およびリース料の支払い

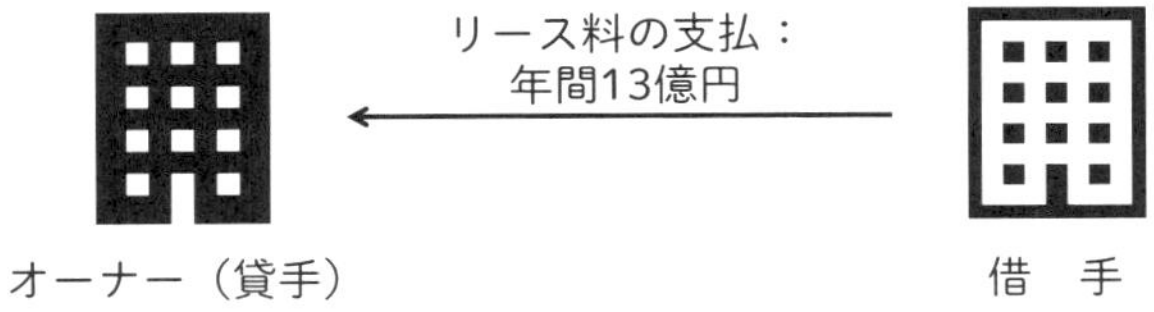

・リース料支払い（１年目）

（借）	リース負債	8 億円	（貸）	現金預金	13 億円
	支払利息	5 億円			

＊支払利息＝返済前リース債務 100 億円×５％＝５億円

・リース料支払い（２年目）

（借）	リース負債	8.4 億円	（貸）	現金預金	13 億円
	支払利息	4.6 億円			

＊支払利息＝返済前リース債務 92 億円×５％＝4.6 億円

図表 24・4 減価償却費の計上

（借）	減価償却費	10 億円	（貸）	減価償却累計額	10 億円

＊減価償却費＝（リース資産の本体価格－残存価額）÷耐用年数
＝100 億円÷10 年
＝10 億円

25

借入とリースの会計処理は何が違うのか？

23・24において、借入金で不動産を取得する場合とリースで不動産の使用権を取得する場合（不動産を賃借）の**借手**の会計処理を説明しました。ここでは、何が違うのかを説明します。

前提は23・24と同じです。不動産価格：100億円、耐用年数：10年、償却方法：定額法、残存価額：0円とします。借入金およびリースは元本100億円、金利：年率5％、返済期間：10年、支払総額130億円とします。

まず、借入で建物を取得した場合、リースで使用権を取得した場合の貸借対照表を比較したのが図表25・1です。表示科目が「建物」と「使用権資産」、「借入金」と「リース負債」と異なるものの、貸借対照表の資産・負債が100億円増加するのは同じです。

次に、元利金支払い、リース料支払時の会計処理を比較したものが図表25・2です。返済によって減少する負債が「借入金」と「リース負債」で異なるものの、支払利息の金額は同じです。

減価償却費についても、減価償却累計額の対象となる科目が「建物」と「使用権資産」で異なるものの金額は同じです（図表25・3）。

※固定資産には残存価額（たとえば1円）があるため、減価償却費の額は厳密には図表25・3とは異なります。

このように、借入金で不動産を取得する場合とリースで不動産の使用権を取得する場合を比較すると、貸借対照表の表示科目が異なります。ただし、貸借対照表の計上額、損益計算書の科目・金額は同じですから、両者はほぼ同じと言って問題ないでしょう。

❖不動産売買＋借入とリースはほぼ同じ！

図表25・1 不動産売買とリース契約の比較

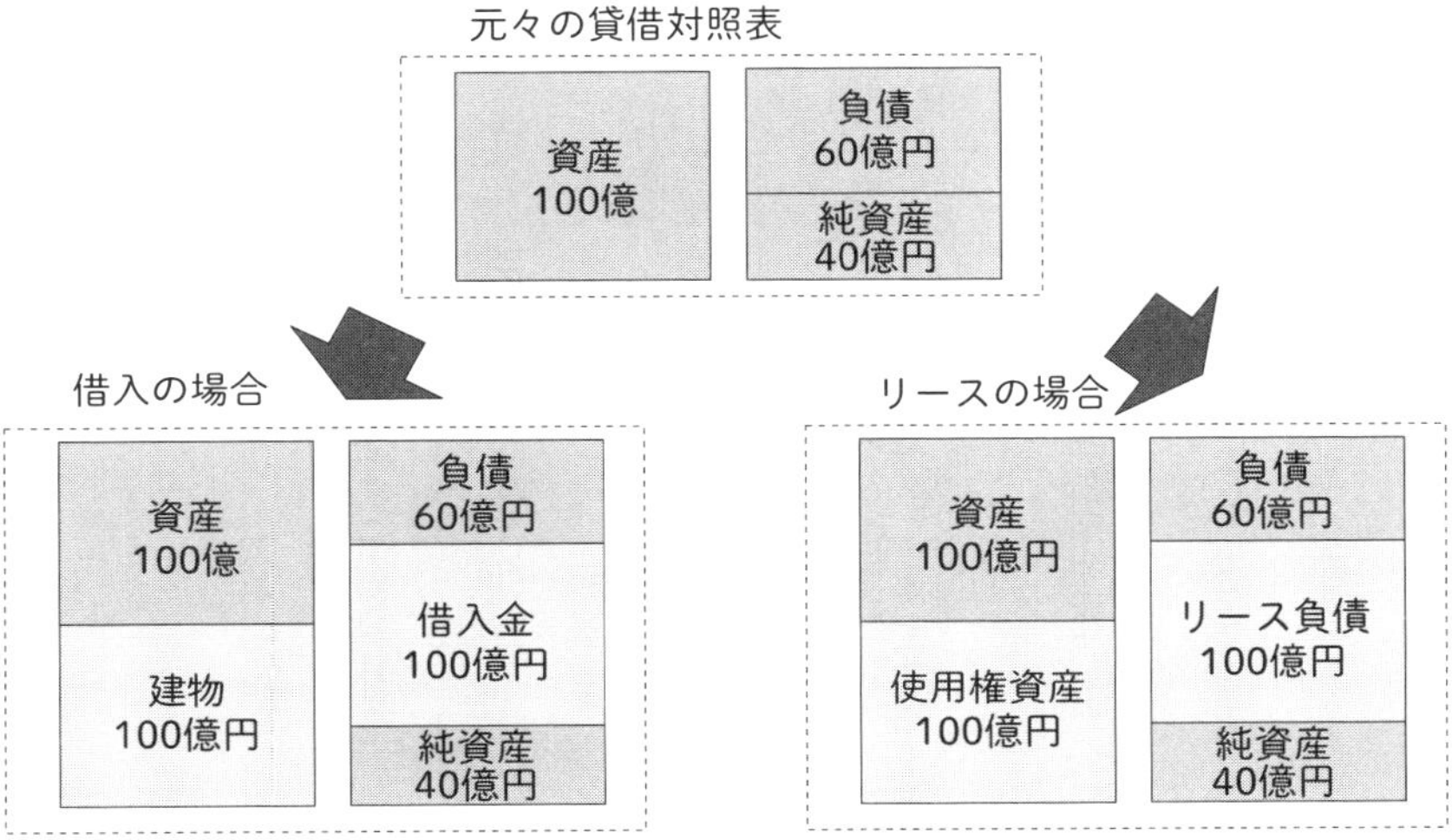

図表25・2 元利金・リース料支払時

・元利金返済（1年目）

（借）	借入金	8億円	（貸）	現金預金	13億円
	支払利息	5億円			

＊支払利息＝返済前元本100億円×5％＝5億円

・リース料支払い（1年目）

（借）	リース債務	8億円	（貸）	現金預金	13億円
	支払利息	5億円			

＊支払利息＝返済前リース債務100億円×5％＝5億円

図表25・3 減価償却費の計上

・借入の場合

（借）	減価償却費	10億円	（貸）	減価償却累計額	10億円

・リースの場合

（借）	減価償却費	10億円	（貸）	減価償却累計額	10億円

＊減価償却費＝（取得価格－残存価額）÷耐用年数＝100億円÷10年＝10億円

26 借手と貸手の会計処理の違いを知っておこう

本書は、主にリースの借手の会計処理について解説しています。不動産賃貸借取引はオペレーティング・リースに該当するため、貸手の会計処理にはあまり論点がないからです。

ここでは、リースの借手と貸手の会計処理の違いについて説明します。

まず、リースの借手と貸手の会計処理を比較したものが図表26・1です。

リースの借手はファイナンス・リース、オペレーティング・リースのいずれも売買処理です。貸手のファイナンス・リースは売買処理、オペレーティング・リースは賃貸借処理です。

不動産賃貸借取引はほぼオペレーティング・リースですから、借手は売買処理、貸手は賃貸借処理で会計処理します。

不動産賃貸借取引の借手はリースの資産・負債をオンバランスします。一方、貸手は不動産をオフバランスしません。

つまり、不動産は1つしかないにもかかわらず貸手・借手の双方の貸借対照表に資産・負債が計上されるのです（図表26・2）。

貸手と借手の表示科目を比較したものが図表26・3です。貸手は受取リース料の全額を収益として計上します。貸手の費用は減価償却費と借入金の支払利息、借手の費用は使用権資産の減価償却費とリース負債の支払利息です。

このように、オペレーティング・リースの借手と貸手の会計処理方法が異なるため、不動産賃貸借取引の借手と貸手の両方にオンバランスされる事態が生じます。

❖借手と貸手の貸借対照表には不動産が二重計上される！

図表26・1 借手と貸手の会計処理方法

当事者	ファイナンス・リース	オペレーティング・リース
借手	売買処理	売買処理
貸手	売買処理	賃貸借処理

＊貸手は借入金によって建物を取得したものとします。

図表26・2 借手と貸手の貸借対照表

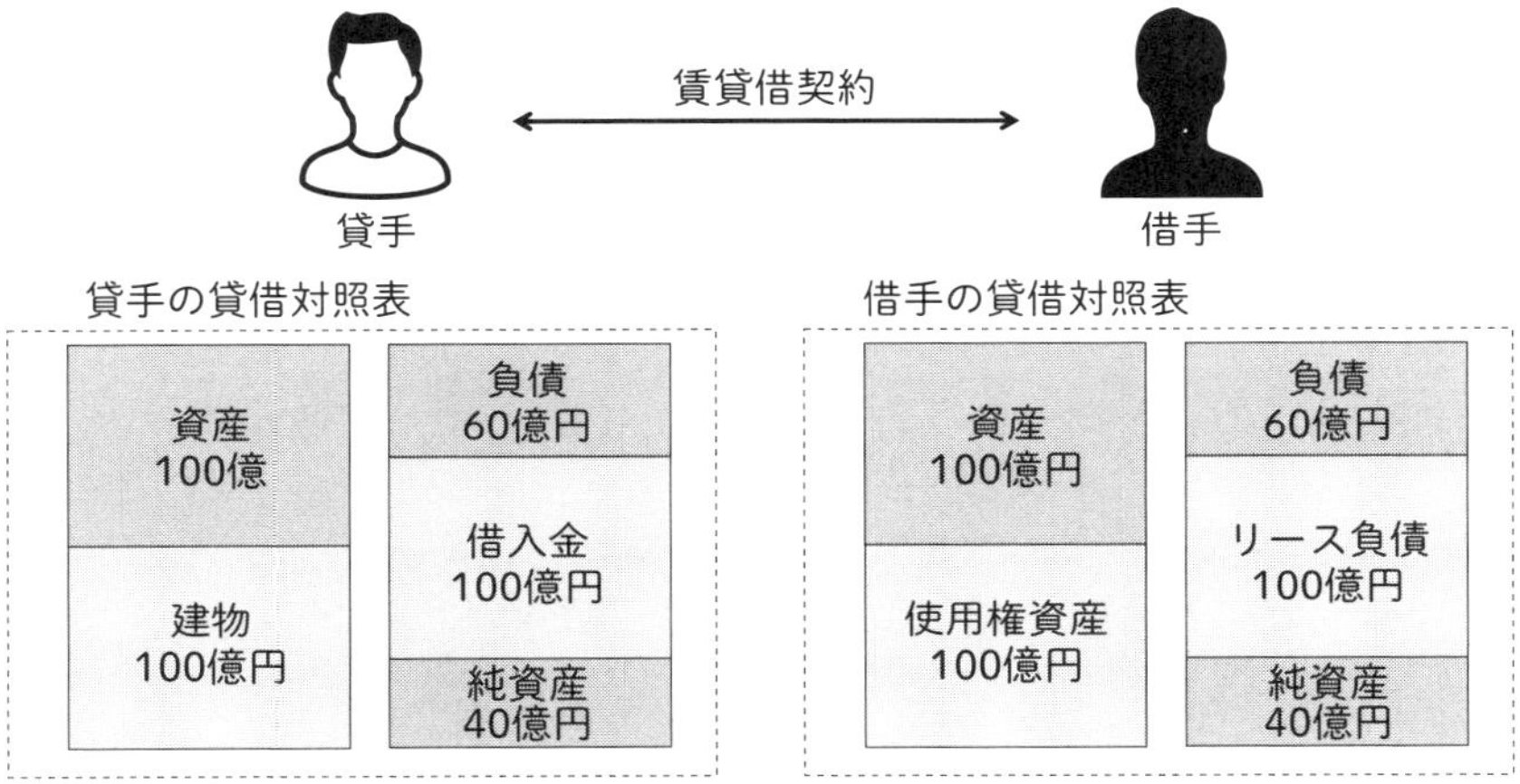

＊貸手は借入金によって建物を取得したものとします。

図表26・3 貸手と借手の表示科目

	貸手	借手
資産	土地・建物	使用権資産
負債	借入金	リース負債
収益	受取リース料	―
費用	支払利息（借入金） 減価償却費	支払利息（リース） 減価償却費

27 リースの借手の会計処理

ここで、改めてリースの借手の会計処理について説明しましょう。リース会計基準における賃貸借契約の借手の会計処理は売買処理と賃貸借処理の2種類です。

どのような賃貸借契約が売買処理または賃貸借処理となるかをフローチャートにしたのが左の図表です。

まず、賃貸借契約にリースが含まれない場合、借手の会計処理は賃貸借処理です。リースではない賃貸借契約にはリース会計基準が適用されないからです。なお、リースを含むか否かの判定は43で解説します。

次に、短期リース（リース期間が1年以内）、少額リース（たとえば、リースの一契約が300万円未満など）に該当する場合、リースの借手は賃貸借処理で会計処理することができます。売買処理で会計処理することもできますが、そんなことをする借手はいないでしょう。こちらは34で解説します。

それ以外のリースの借手の会計処理は売買処理です。改正前のリース会計基準は、オペレーティング・リースを賃貸借処理することが容認されていました（注記は必要）が、改正後は売買処理しか認められません。

リース会計基準の改正によって、リースを含まない賃貸借契約、短期リースと少額リースを除くリースの借手の会計処理が売買処理になりました。

❖賃貸借契約の借手の会計処理

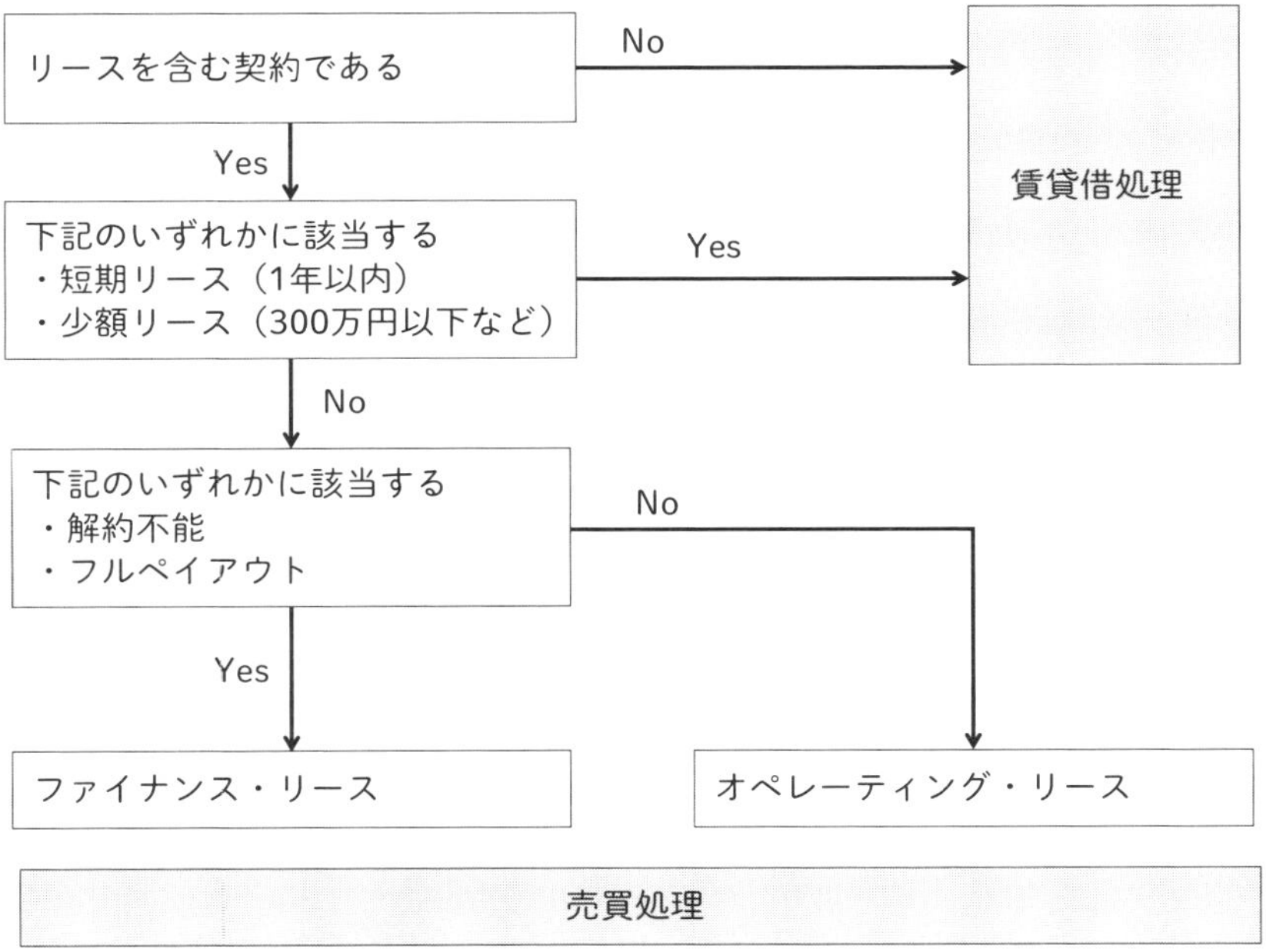

＊使用権資産総額に重要性が乏しいと認められる場合は簡便的な処理が可能

28 リースの借手の売買処理の手順(1)

リース会計基準の改正によって、リースの借手の会計処理は概ね売買処理となります。賃貸借処理の説明は必要ないと思いますから、ここでは、リースの借手の売買処理の手順について説明します。

まず、売買処理の一連の手順を示したものが左の図表です。

リース開始日において、借手は支払リース料の現在価値を算定してリース負債の金額とします（具体的な計算方法は36で解説します）。そして、リース負債の金額から使用権資産を計上します。

なお、資産の設置に付随費用が発生する場合、前払リース料がある場合、資産除却債務を計上する場合、リース・インセンティブがある場合はリース負債の金額にこれらの金額を加減算して使用権資産の計上額とします。詳しくは42で説明します。

リース料支払日には、支払リース料を利息法によって元本相当額と利息相当額に配分します。

決算日には使用権資産の減価償却費を計上します。減価償却方法は所有権移転ファイナンス・リースとそれ以外のリースで異なります。償却方法の違いは41で解説します。

所有権移転ファイナンス・リース以外は、リース料支払最終日にリース負債と使用権資産の計上額がゼロになります。

売買処理の手順の解説は以上です。具体的な会計処理方法については次項で解説します。

❖借手の売買処理の会計処理の手順

	リース負債	使用権資産
取引開始日	割引率を用いて支払リース料の割引現在価値を計算し，リース負債を計上する →	リース負債に前払リース料，不随費用，資産除却債務に対応する除去費用，リース・インセンティブを加減算して使用権資産を計上する
リース料支払日	支払リース料を利息法によってリース負債の元本相当額と利息相当額に配分する	なし
決算日	なし	使用権資産の減価償却費を計上する 所有権移転FL：自己所有償却資産と同じ償却方法 所有権移転FL以外：リース期間定額法
リース料支払最終日	支払リース料を利息法によってリース負債の元本相当額と利息相当額に配分する（通常のリース料支払時と同じ）	所有権移転FL：使用権資産の消滅を認識し，資産を計上する 所有権移転FL以外：使用権資産の消滅を認識する

売買処理の基本的な会計処理の手順は覚えておいたほうがいいね。

29 リースの借手の売買処理の手順(2)

28で、借手の売買処理の手順について説明しました。ここでは事例を使って借手の会計処理を学んでいきましょう。

まず、対象とするリースは図表29・1のオペレーティング・リースとします。

借手のリース開始日（X1年1月1日）の会計処理は、図表29・2です。リース負債を支払リース料の現在価値を割引率（借手の追加借入利子率）5％で計算し、同額の使用権資産を計上します。

リース負債の返済スケジュールを利息法で計算したのが、図表29・3です。

さらに、返済スケジュールをもとにした借手のリース料支払時の会計処理は図表29・4です。ここではスペースの関係で1年目の会計処理のみを表示しています。2年目は支払利息93万円、リース負債907万円です。

決算日（12月31日）には使用権資産の減価償却費を計上します。使用権資産の取得価額は2，723万円なので、リース期間3年の定額法で計算すると1年あたり908万円です。この会計処理は図表29・5です。

リース料支払最終日（リース契約終了日）に資産を返還するため、使用権資産の消滅を認識します。使用権資産と減価償却累計額の消滅の会計処理は図表29・6です。

リースの借手の一連の会計処理は以上です。

少しはイメージがつかめましたか？

❖借手の売買処理を事例で学ぼう！

図表 29・1 リースの契約条件

リース期間	3年間
賃料（年額）	1,000 万円（年1回決算日（12 月 31 日）に後払い）
賃貸借期間	X1 年1月1日～ X3 年 12 月 31 日（3年間）
借手の追加借入利子率	5％

図表 29・2 リース開始日の会計処理

（借） 使用権資産	2,723 万円	（貸） リース負債	2,723 万円

＊リース負債の額 $= \frac{1{,}000}{(1+5\%)^1} + \frac{1{,}000}{(1+5\%)^2} + \frac{1{,}000}{(1+5\%)^3} = 2{,}723$ 万円

図表 29・3 リース負債の返済スケジュール

（単位：万円）

年数	期首元本 A	返済額計 B	利息返済額 C＝A×５％	元本返済額 D＝B－C	期末元本 E＝A－D
1	2,723	1,000	136	864	1,859
2	1,859	1,000	93	907	952
3	952	1,000	48	952	0

図表 29・4 リース料支払時の会計処理

・リース料支払日（1年目）の会計処理

（借） リース負債	864 万円	（貸） 現金預金	1,000 万円
支払利息	136 万円		

図表 29・5 決算日の会計処理

・決算日の会計処理（1～3年目）

（借） 減価償却費	908 万円	（貸） 減価償却累計額	908 万円

＊減価償却費＝2,723÷３＝908 万円（千円以下四捨五入）

図表 29・6 リース支払最終日の会計処理

（借） 減価償却累計額	2,723 万円	（貸） 使用権資産	2,723 万円

30 リースの貸手の会計処理

リース会計基準の改正によって、オペレーティング・リースの借手の会計処理は、売買処理になります。ただし、リースの貸手の会計処理は借手と異なります。ここでは、借手と貸手の会計処理方法の違いに触れながら、貸手の売買処理を解説します。

まず、貸手の会計処理は、ファイナンス・リースが売買処理、オペレーティング・リースが賃貸借処理です。オペレーティング・リースの場合、少しの間（数年間）借手に資産を貸すだけなので、資産の消滅を認識するのはやり過ぎだからです。

次に、ファイナンス・リースの貸手の会計処理は、所有権移転の有無で異なります。

所有権移転ファイナンス・リースは貸した資産が返還されません。したがって、貸手の会計処理は、資産売却＋債権回収となります。

具体的には原資産の現金購入価額（取得価額）をリース債権（元本分）として資産計上し、リース料総額と原資産の現金購入価額（取得価額）との差額を、利息法により受取利息として収益計上します。

所有権移転外ファイナンス・リースは、資産が返還されるため、受取リース料および見積残存価額と原資産の取得価額との差額を、利息法により収益計上します。現金購入価額をリース投資資産（元本分）として計上するのは所有権移転ファイナンス・リースと同じです。

所有権移転ファイナンス・リースと所有権移転外ファイナンス・リースのリース料を比較したものが図表30・3です。見積残存価額によってリース料の計算方法が異なります。

❖貸手の会計処理の概要

図表 30・1 借手と貸手の会計処理方法の違い

	借　手	貸　手
所有権移転ファイナンス・リース	売買処理	売買処理
所有権移転外ファイナンス・リース	売買処理	売買処理
オペレーティング・リース	売買処理	賃貸借処理

図表 30・2 貸手の会計処理方法

	会計処理方法
所有権移転 FL	原資産の取得価額をリース債権として資産計上し，受取リース料と取得価額の差額は利息法により配分する
所有権移転外 FL	原資産の取得価額をリース投資資産として資産計上し，受取リース料および見積残存価額と取得価額の差額は利息法により配分する
オペレーティング・リース	通常の賃貸借取引に係る方法に準じた会計処理

図表 30・3 リース料の比較

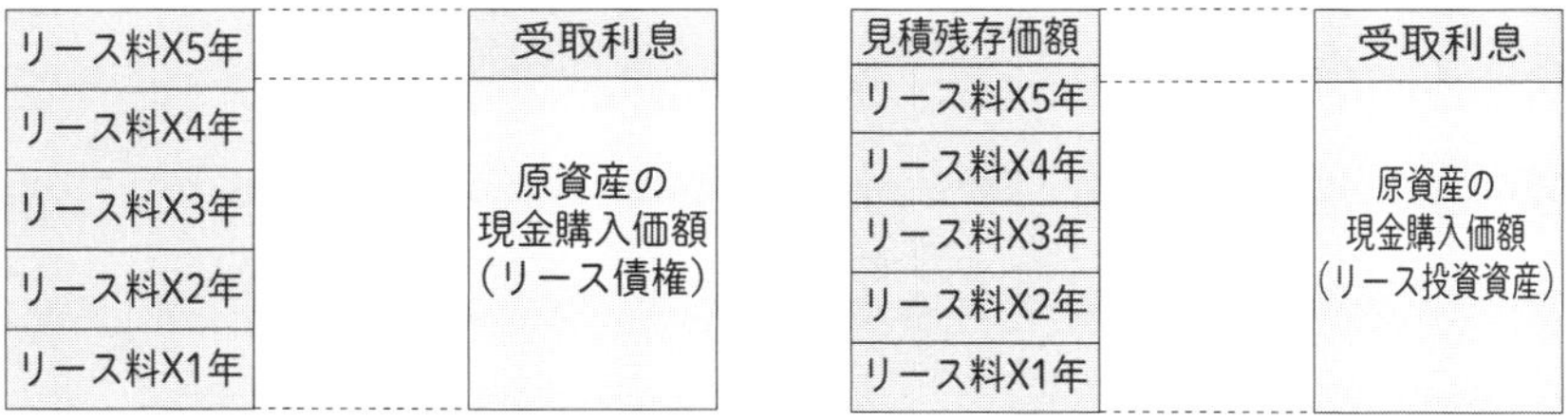

所有権移転ファイナンス・リース　　所有権移転外ファイナンス・リース

※所有権移転外ファイナンス・リースのリース料総額は，所有権移転 FL のリース料総額から見積残存価額を控除した金額です。

31 リースの貸手の売買処理の手順(1)

不動産賃貸借契約は、ほぼオペレーティング・リースです。オペレーティング・リースの貸手の会計処理は賃貸借処理です。賃貸借処理の詳しい説明は必要ないでしょうから、ここでは、ファイナンス・リースの貸手の売買処理について解説します。

まず、貸手が事業の一環で行うリースか否か、貸手が製造または販売を事業とするか否かで、会計処理方法が異なります。それぞれの会計処理方法を比較したものが図表31・1です。

リース開始日において、Ⅰ－①とⅡは損益を認識し、Ⅰ－②は損益を認識しません。製造または販売を事業とする貸手が事業の一環で行うリース（Ⅰ－①）とは、ハウスメーカーがファイナンス・リースをする場合です。そんなケースはありませんね。事業会社がファイナンス・リースをする場合（Ⅱ）も、ほとんどないでしょう。

リース会社や不動産賃貸借業者はⅠ－②なので、このケースだけ知っておけばよいと思います。

貸手の受取利息は、借手と同様に利息法で計算します。ただし、貸手の利息法は借手の利息法と計算の手順が異なります。

借手はリース料と割引率が既知で、元本を算定します。一方、貸手はリース料と元本が既知で、割引率を算定する点が異なります。

なお、具体的な計算方法は37で解説します。

売買処理の手順の解説は以上です。具体的な会計処理方法については、次項で解説します。

❖貸手の売買処理の概要

図表31・1 貸手の売買処理の会計処理の手順

	事業の一環で行う場合		事業の一環以外で行う場合
	製造または販売を事業とする貸手	製造または販売以外を事業とする貸手	
ケース	Ⅰ―①	Ⅰ―②	Ⅱ
不動産賃貸借取引における例示	ハウスメーカーが不動産賃貸借取引（FL）を行う場合	不動産賃貸業が不動産賃貸借取引（FL）を行う場合	事業会社が不動産賃貸借取引（FL）を行う場合
取引開始日	リース料から利息相当額を控除した金額で売上高を計上し，その額に見積残存価額の現在価値を加算した金額のリース投資資産（またはリース債権）を計上する 原資産の帳簿価額から見積残存価額の現在価値を控除した額を売上原価として計上する 見積残存価額の現在価値は使用権資産として計上する	原資産の現金購入価額をリース投資資産（またはリース債権）として計上する	リース料から利息相当額を控除した金額と原資産の帳簿価額との差額を売却損益として計上する リース料の現在価値をリース投資資産（またはリース債権）として計上する
リース料回収日	受取リース料を利息法によってリース投資資産（またはリース債権）の元本相当額と利息相当額に配分する		
決算日	なし		
リース料支払最終日	通常のリース料回収時と同じ処理を行い，所有権移転外FLの場合は原資産の回収額を資産計上する		

図表31・2 貸手と借手の利息法

	リース料	割引率	元　本
貸　手	○	×	○
借　手	○	○	×

○：既知，×：不明

借手と貸手は不明なものが違うから利息法の計算手順が違うんだ。

32 リースの貸手の売買処理の手順(2)

前項では貸手の売買処理の手順を解説しました。ここでは事例を使って貸手の売買処理を解説します。

まず、貸手は原資産と同一の製品または商品を販売することを主たる事業としておらず、対象とするリースは図表32・1の所有権移転外ファイナンス・リースとします。

貸手のリース開始日（X1年1月1日）の会計処理は図表32・2です。リース投資資産を原資産の現金購入価額で計上します。

次に、リース投資資産の回収スケジュールを利息法で計算したのが図表32・3です。

ここでは、リース投資資産と受取リース料から貸手の計算利子率を計算しています。計算方法は37を参考にしてください。

回収スケジュールを元にした貸手のリース料回収時の会計処理は図表32・4です。

貸手に必要な決算日（12月31日）の会計処理はありません。

この契約では、リース料回収最終日（X3年12月31日）にリース契約は終了します。返還される資産の見積残存価額はゼロのため、必要な会計処理はありません。

ファイナンス・リースの貸手の一連の会計処理は以上です。

ファイナンス・リースに該当する不動産賃貸借契約は少ないものの、念のため知っておいたほうがよいでしょう。

❖貸手の売買処理を事例で学ぼう！

図表 32・1 リースの契約条件

賃料（年額）	1,000 万円（年 1 回決算日（12 月 31 日）に後払い）
賃貸借期間	X1 年 1 月 1 日～ X3 年 12 月 31 日（3 年間）
原資産の現金購入価額	2,500 万円
貸手の見積残存価額	ゼロ

図表 32・2 リース開始日の会計処理

（借）	リース投資資産	2,500 万円	（貸）	現金預金	2,500 万円

図表 32・3 リース投資資産の回収スケジュール

（単位：万円）

年数	期首元本 A	回収額計 B	利息回収額 C＝A×r％	元本回収額 D＝B－C	期末元本 E＝A－D
1	2,500	1,000	243	757	1,743
2	1,743	1,000	169	831	912
3	912	1,000	88	912	0

＊貸手の計算利子率は，$2{,}500=\frac{1{,}000}{(1+r)^1}+\frac{1{,}000}{(1+r)^2}+\frac{1{,}000}{(1+r)^3}$の r を算定し 9.7％とします。

図表 32・4 リース料回収時の会計処理

・リース料回収日（1 年目）の会計処理

（借）	現金預金	1,000 万円	（貸）	リース投資資産	757 万円
				受取利息	243 万円

・リース料回収日（2 年目）の会計処理

（借）	現金預金	1,000 万円	（貸）	リース投資資産	831 万円
				受取利息	169 万円

・リース料回収日（3 年目）の会計処理

（借）	現金預金	1,000 万円	（貸）	リース投資資産	912 万円
				受取利息	88 万円

33 オンバランスする資産・負債は現在価値

リースの借手が計上する資産・負債は、将来キャッシュ・フローの現在価値です。これは、リース会計基準だけでなく他の会計基準を理解するためにも非常に重要な考え方です。

本書は不動産関係者向けに書いていますから、ここでは不動産の収益価格を使ってリース会計基準の現在価値を説明します。

不動産の収益価格の計算方法は、収益還元法とDCF法です。

賃料が年間100、割引率（還元利回り）が5%の場合、不動産の収益価格は2,000（＝100÷5%）です。各年度に発生するキャッシュ・フローの現在価値の合計額を収益価格とします。これを図示したのが図表33・1です。期間を無限大として計算するため、直接還元法（100÷5%）となるのです。

賃料が年間100、賃貸借期間3年、割引率（還元利回り）5%の場合、不動産の使用権（リース）の現在価値は272.3です（図表33・2）。

不動産の価値（時価）が将来キャッシュ・フローの現在価値なのと同様に、リースの価値（時価）も将来キャッシュ・フローの現在価値です。

このため、リース会計基準において資産・負債として計上する金額はリース料（賃料）の総額300ではなく、リースの価値、すなわちリース料の現在価値である、272.3です。

リース会計基準で資産・負債に計上するのは、リースの価値（時価）、すなわち将来キャッシュ・フローの現在価値であることを覚えておいてください。

❖現物と使用権の時価はキャッシュ・フローの現在価値

図表33・1 不動産の収益価格

賃料　100（1年後）　100（2年後）　100（3年後）　・・・　100（N年後）

現在価値 $\frac{100}{1+5\%}$ $\frac{100}{(1+5\%)^2}$ $\frac{100}{(1+5\%)^3}$ $\frac{100}{(1+5\%)^N}$ → 合計 $\frac{100}{5\%}=2,000$

図表33・2 不動産の使用権（リース）の現在価値

賃料　100　100　100

現在価値 $\frac{100}{1+5\%}$ $\frac{100}{(1+5\%)^2}$ $\frac{100}{(1+5\%)^3}$ → 合計 $=272.3$

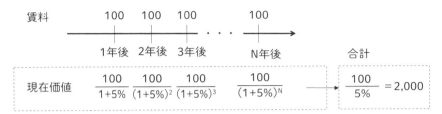

34 短期リースと少額リース

リース会計基準では、重要性が乏しいリースについては簡便的な処理（賃貸借処理）が認められています。具体的には短期リースと少額リースです（適用指針第20項、第22項）。

短期リースと少額リースについては、借手はリース開始日に使用権資産およびリース負債を計上せず、借手のリース料をリース期間にわたって定額法により費用として計上することができます。

短期リースとは、リース開始日において借手のリース期間が12カ月以内である購入オプションを含まないリースです。ただし、契約期間が12カ月以内であっても契約更新が可能（延長オプションあり）で更新することが確実である場合は、更新される期間も加えて判定します。

少額リースは重要性の乏しい減価償却資産です。重要性は、左の図表のように、企業の費用処理基準による分類、金額基準による分類で判断します。

このうち、300万円基準は、改正前のリース会計基準と同じです。リース会計基準では、企業会計基準第13号の300万円基準に、IFRS第16号の5，000米ドル基準が加わりました。

5，000米ドル基準のほうが、300万円基準よりも少額リースの範囲が小さいように思えます。5，000米ドル基準はIFRS任意適用企業が利用するものなので、それ以外の企業は気にする必要はありません。

❖少額リースの定義

区　　分	内　　容
企業の費用処理基準による分類	重要性の乏しい減価償却資産について費用処理基準を定めている会社において，リース料総額が基準額以下である場合
金額基準による分類	リース契約１件当たりの金額に重要性が乏しい（リース料総額が 300 万円以下）（＊１） なお，リース契約に科目が異なる有形固定資産または無形固定資産が含まれている場合は科目ごとに合計金額を判断する
	新品時の原資産の価値が少額（5,000 米ドル以下）

＊金額基準は，いずれかを選択した後，選択した方法を首尾一貫して適用する必要があります。

＊１：借手のリース料はリース期間ではなく，契約に定められた期間で計算することができます。また，維持管理費用相当額の合理的見積額を控除することができます。

リース会計基準の改正で金額基準は２つになる。300 万円基準のほうが範囲が広いから，大半の企業はこちらを使うと思うよ。

35 利息法は元利均等返済と同じ

リース会計基準において、リースの借手と貸手は、リース料支払額（または受取額）を元本（本体）部分と利息部分に分けて会計処理します。その元本と利息をリース期間中の各期に配分する方法を「利息法」といいます。

利息法の計算方法は、借入金の元利均等返済（元本＋利息を毎回同額支払う返済方法）と同じです。元利均等返済は、固定金利の住宅ローンの返済方法です。

借入金の返済方法には、元本均等返済、元利均等返済の2種類があります。ここで違いを説明します。

まず、元本均等返済は、借入金の元本返済額を毎回均等額とする返済方法です。元利均等返済は、返済額（元本返済額＋利息返済額）を毎回均等額とする返済方法です。

借入金の元本は100、利率5％（年率）、返済期間5年とします。

元本均等返済の返済スケジュールは、図表35・1です。元本返済額は毎年20、利息支払前の元本に対して利息を計算します。

元利均等返済の返済スケジュールは、図表35・2です。毎回の固定返済額から利息返済額を差し引いて元本返済額を計算します。

元本均等返済と元利均等返済の返済額の内訳を図示したのが図表35・3です。

元本均等返済は、元利均等返済よりも当初の元本返済額が大きいため、返済額の合計は元本均等返済のほうが小さくなります。元利均等返済は年数が経過すると利息返済額が少なくなり、元本返済額が増加します。

リースの利息法はこのうち、元利均等返済と同じです。

❖利息法を理解するために元利均等返済を知っておこう！

図表35・1 元本均等返済の返済スケジュール

年数	返済前残高 A	返済額計 B＝C＋D	利息返済額 C＝A×5％	元本返済額 D	返済後残高 E＝A－D
1	100.0	25.0	5.0	20.0	80.0
2	80.0	24.0	4.0	20.0	60.0
3	60.0	23.0	3.0	20.0	40.0
4	40.0	22.0	2.0	20.0	20.0
5	20.0	21.0	1.0	20.0	0.0
	計	115.0	15.0	100.0	

図表35・2 元利均等返済の返済スケジュール

年数	返済前残高 A	返済額計 B	利息返済額 C＝A×5％	元本返済額 D＝B－C	返済後残高 E＝A－D
1	100.0	23.1	5.0	18.1	81.9
2	81.9	23.1	4.1	19.0	62.9
3	62.9	23.1	3.1	20.0	42.9
4	42.9	23.1	2.1	21.0	22.0
5	22.0	23.1	1.1	22.0	0.0
	計	115.5	15.5	100.0	

図表35・3 元本均等返済と元利均等返済の返済額の内訳

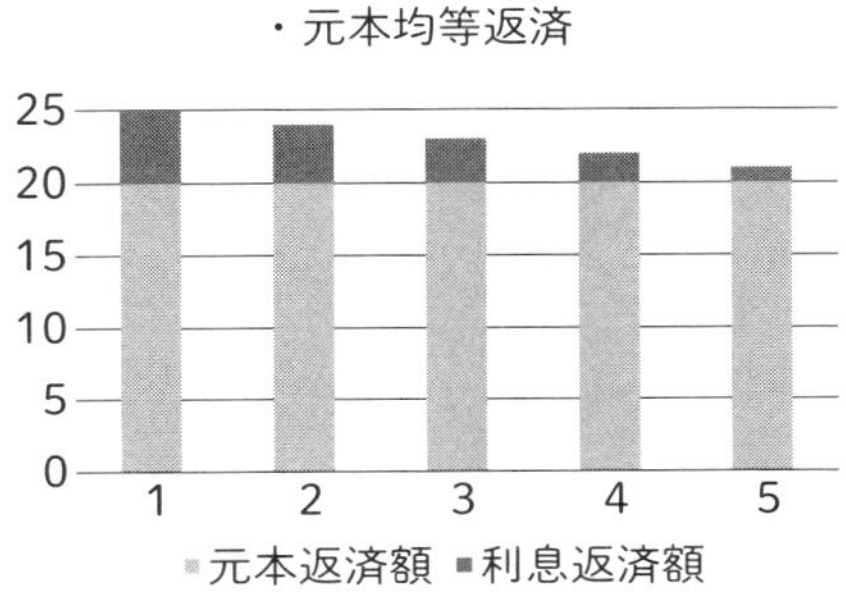

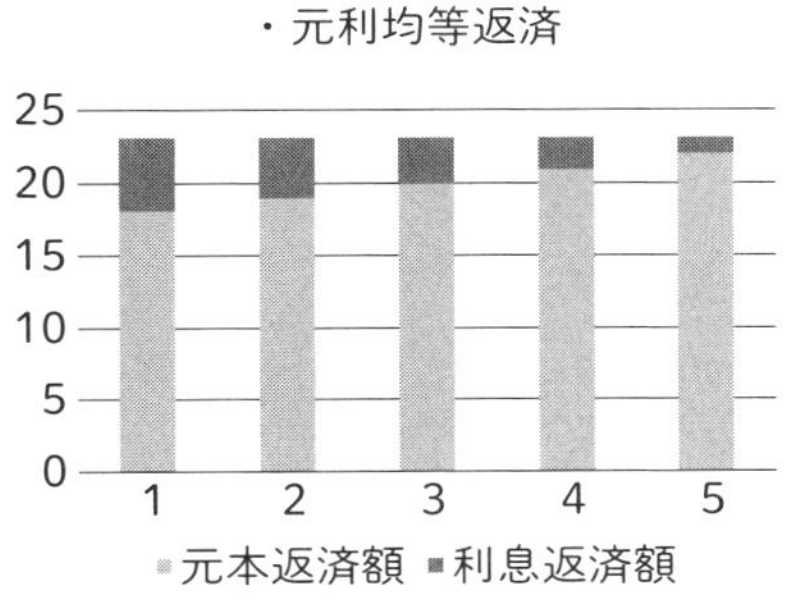

36 リース料からリース負債を計算しよう

リースの利息法は、借入金の元利均等返済の計算方法と同じです。ただ、計算の手順が違います。前項で説明しきれなかったため、ここでもう少し説明します。

まず、利息法では**毎回返済額**（**リース料**）、**返済期間**、**利率**がわかっていて、それらを利用してリース負債の元本を計算します。

借入金の元利均等返済では、**元本**、**返済期間**、**利率**がわかっていて、それらを利用して毎回返済額を計算します。

リースの利息法と借入金の元利均等返済は、計算方法が同じでも、不明な部分が違うのです。両者を比較したものが図表36・1です。

さて、リース会計基準では、リースの借手はリース負債を計上します。ここではリース料を使ってリース負債を計算する方法を解説します。

対象とするリース契約は、リース期間5年、リース料20を年1回支払う（後払い）ものとします（リース料総額100）。なお、借手の追加借入利子率は5％とします。

リース負債は将来支払うリース料の現在価値です。したがって、図表36・2のように現在価値係数（DF）を使用して毎年の支払リース料20の現在価値を計算し、その合計額86・6をリース負債とします。

このように、リース負債の額はリース料と割引率（借手の追加借入利子率）を使用して計算します。慣れてしまえば、それほど難しくはありません。

❖リース負債の計算方法を知っておこう！

図表36・1 元利均等返済と利息法

	元本	利率	返済期間	毎回返済額
元利均等返済	○	○	○	×
利息法	×	○	○	○

○：既知　×：不明

図表36・2 割引計算によるリース負債の元本

年数	現在価値係数 DF	返済額 B	現在価値 B×DF
1	0.95238	20.0	19.0
2	0.90703	20.0	18.1
3	0.86384	20.0	17.3
4	0.82270	20.0	16.5
5	0.78353	20.0	15.7
	計	100.0	86.6

＊現在価値係数（DF）は割引率：R，経過年数：tとすると，$\frac{1}{(1+R)^t}$で算定します。

37 貸手の計算利子率をエクセルで計算しよう

リース会計基準では、リースの借手は支払リース料の現在価値をリース負債として計上します。一方、ファイナンス・リースの貸手は、受取リース料を利息法によって元本相当額と利息相当額に配分します。つまり、貸手の利息法においては、利息相当額を配分するための計算利子率を算定する必要があります。

ここでは、リース投資資産（またはリース債権）と受取リース料から貸手の計算利子率を算定する方法を解説します。

対象とするリース契約は、図表37・1とします。このリースにおいて、受取リース料とリース投資資産の関係は、図表37・2で表せます。この関係を満たすrが貸手の計算利子率です。

rを手で計算するのは大変なので、エクセルで計算してみます。

利息法の計算方法は、元利均等返済の借入金と同じです。リース料20を利息相当額と元本相当額に配分し、リース投資資産を回収するエクセルを作成します（図表37・3）。

リース投資資産の元本は、リース期間（5年）経過後に0になる、すなわち、エクセルのセル「F10」が0になる貸手の計算利子率（r、セル「B2」）を決定します。

貸手の計算利子率を計算するためには、エクセルの「ゴールシーク」または「ソルバー」を使います。

図表37・3はゴールシークで計算利子率を計算した画面です。セル「F10」が0になるように計算利子率（セル「B2」）を変化させると7・9％と算定されました。

貸手の計算利子率を手計算するのは大変です。エクセルで計算する方法を覚えておけば便利でしょう。

❖計算利子率を手計算するのは大変！

図表 37・1 リースの条件

リース期間	5 年間
リース料（年額）	20（年 1 回後払い，合計 100）
原資産の現金購入価額	80

図表 37・2 リース料とリース投資資産の関係

$$80=\frac{20}{(1+r)^1}+\frac{20}{(1+r)^2}+\frac{20}{(1+r)^3}+\frac{20}{(1+r)^4}+\frac{20}{(1+r)^5}$$

r：貸手の計算利子率

図表 37・3 ゴールシークによる計算利子率の算定

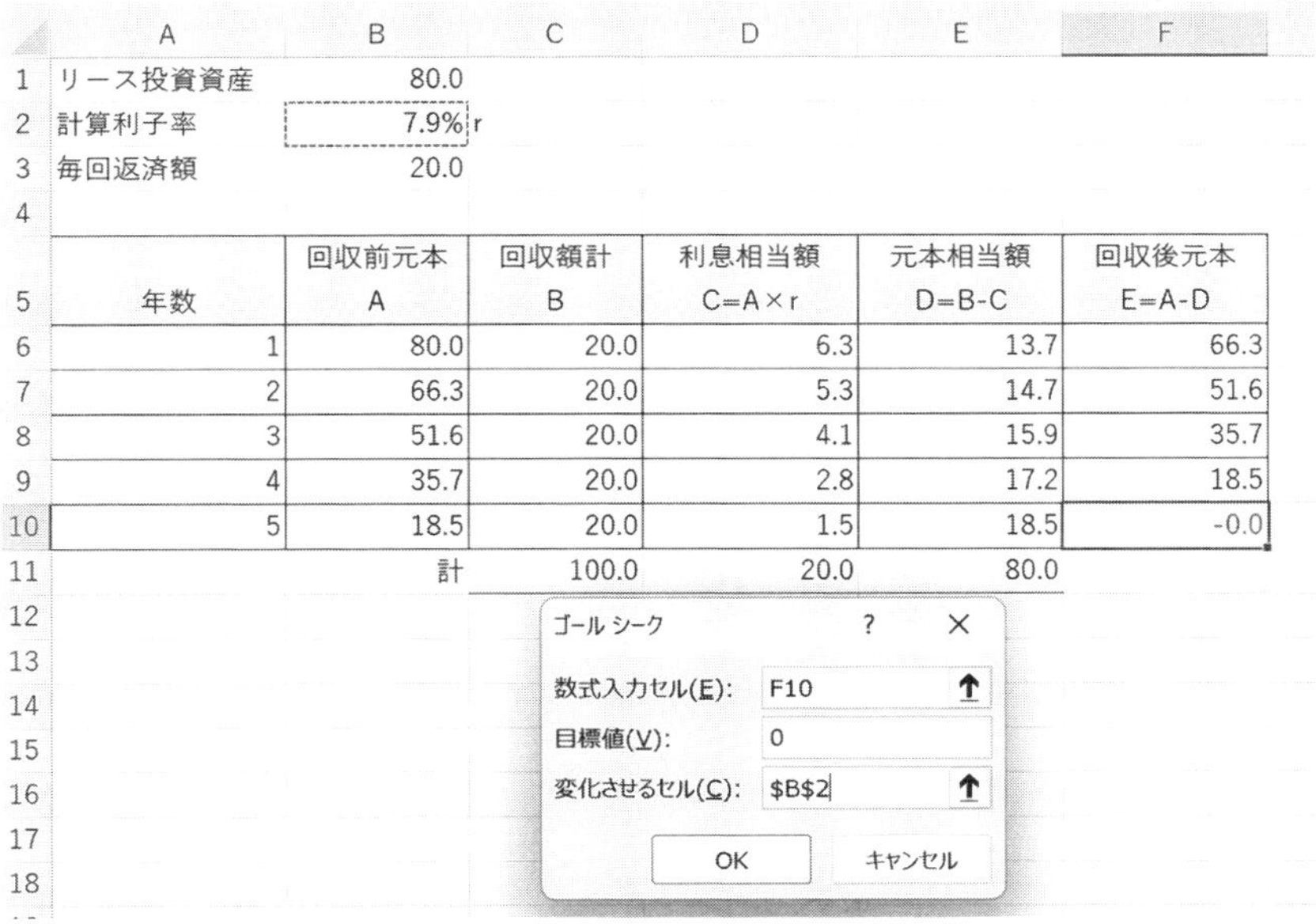

	A	B	C	D	E	F
1	リース投資資産	80.0				
2	計算利子率	7.9%	r			
3	毎回返済額	20.0				
4						
5	年数	回収前元本 A	回収額計 B	利息相当額 C=A×r	元本相当額 D=B-C	回収後元本 E=A-D
6	1	80.0	20.0	6.3	13.7	66.3
7	2	66.3	20.0	5.3	14.7	51.6
8	3	51.6	20.0	4.1	15.9	35.7
9	4	35.7	20.0	2.8	17.2	18.5
10	5	18.5	20.0	1.5	18.5	-0.0
11		計	100.0	20.0	80.0	

＊利息相当額（C）はセル「B2」の計算利子率を用いて計算しています。

38

割引率と適用利率

リース会計基準では、借手は支払リース料の現在価値をリース負債とします。その際に使用する割引率は以下のどちらかです。

①　貸手の計算利子率を知り得る場合は当該利率

②　借手の追加借入に適用されると合理的に見積られる利率

借手は通常、貸手の利子率を知り得ないため、借入利率を利用することになるでしょう。

リース会計基準においては「リース負債の現在価値を算定する際に**割引率**を利用する」と記載されています。また、利息法では「利息相当額をリース負債の未返済元本残高に一定の利率（**適用利率**）を乗じて算定する」と記載されています。

割引率＝適用利率なのに、リース会計基準では違う用語を使っています。どういうことなのか説明しましょう。

対象とするリース契約は、リース期間5年、リース料20を年1回支払い(後払い)します(リース料総額１００)。借手の追加借入利子率は5％とします。

割引率５％を使って借手が支払うリース料の現在価値を計算すると、86・６です（図表38・1）。

適用利率５％を使用してリース負債の返済スケジュールを作成したのが、図表38・2です。

よく見ると、図表38・1の現在価値と図表38・2の元本返済額が逆に(1年が5年と同じ、2年が4年と同じ)記載されています。

つまり、割引率と適用利率は計算過程（順番）が異なるだけで、同じなのです。

❖割引率と適用利率の関係

図表38・1 リース料の現在価値

年数	現在価値係数 DF	返済額 B	現在価値 B×DF
1	0.95238	20.0	19.0
2	0.90703	20.0	18.1
3	0.86384	20.0	17.3
4	0.82270	20.0	16.5
5	0.78353	20.0	15.7
	計	100.0	86.6

＊現在価値係数（DF）は，割引率：R，経過年数：t とすると，$\frac{1}{(1+R)^t}$で算定します。

図表38・2 利息法によるリース負債の返済スケジュール

年数	返済前元本 A	返済額計 B	利息返済額 C=A×R	元本返済額 D=B−C	返済後元本 E=A−D
1	86.6	20.0	4.3	15.7	70.9
2	70.9	20.0	3.5	16.5	54.5
3	54.5	20.0	2.7	17.3	37.2
4	37.2	20.0	1.9	18.1	19.0
5	19.0	20.0	1.0	19.0	0.0
	計	100.0	13.4	86.6	

＊ R：適用利率

39 固定資産と減価償却

企業は、決算日に保有している固定資産を減価償却します。不動産関係者には馴染みがあることでしょう。リースに係る使用権資産も同じです。ただし、通常の固定資産の減価償却と使用権資産の減価償却とは少し違います。

リースに係る使用権資産の減価償却を説明する前に、ここでは通常の固定資産に係る減価償却について説明します。

まず、減価償却は、企業が取得した固定資産を使用する期間に応じて費用化する会計上の手法です。

固定資産を取得した期に一括費用処理をすると、企業の正常な収益が計算できません。このため、会計上は固定資産の使用期間にわたって費用化する手法を採用しています。

日本の実務では、税法基準の減価償却が採用されており、資産に応じて税法で定められた耐用年数、償却方法を利用して減価償却を実施します。

建物および建物附属設備の代表的な耐用年数は図表39・1です。

減価償却費の計算方法は定額法、定率法、生産高比例法、級数法の４つです。このうち、実務で用いるのは定額法と定率法のみです。

税法では、減価償却資産の種類ごとに法定の償却方法を定めています（図表39・2）。

減価償却の方法を変更することもできますが、建物、建物附属設備および構築物は定額法しか選択できません。

定額法と定率法の計算方法は次項で説明します。

❖固定資産の減価償却

図表39・1 代表的な耐用年数

科目	構　造	用　途	耐用年数
建物	鉄骨鉄筋コンクリート造 鉄筋コンクリート造	事務所	50年
		住宅	47年
		店舗（飲食以外）	39年
	木造・合成樹脂造	事務所	24年
		住宅・店舗（飲食以外）	22年
建物附属設備		電気設備（蓄電池電源設備以外）	15年

図表39・2 減価償却の法定の償却方法

償却方法	特　徴	資　産
定額法	毎年同額を償却する方法	建物
		建物附属設備
		構築物
		ソフトウェア
定率法	前期末残高を基準として定率で償却する方法 （償却保証額を下回るときは毎年定額を償却）	機械設備
		車両運搬具
		工具器具備品

40 定額法と定率法の計算方法

実務で利用される減価償却の計算方法は、定額法と定率法です。そして、不動産の法定の償却方法は主に定額法なので、定率法を利用するケースは少ないかもしれません。念のために、ここでは定額法と定率法の計算方法について解説します。

まず、定額法は、毎年同額を償却額とする方法です。

一方、定率法は未償却残高（前期末残高）に償却率を乗じて償却額を計算する方法です。ただし、簿価が償却保証額を下回った年度以降は、毎年同額を償却額とします（定額法と同じ計算方法）。

定額法と定率法の違いについて、計算例を使って解説しましょう。耐用年数10年、取得価額1億円の減価償却資産について、定額法と定率法で減価償却費を計算します。それぞれの法定の償却率等は図表40・2、計算結果は図表40・3です。

定額法は、10年間同額を償却するため、減価償却費は年間1，000万円です。最終年度（10年目）は備忘価額（1円）になるまで償却します。

定率法の償却額は、未償却残高×償却率で計算します。経過年数とともに未償却残高が小さくなるので、減価償却費が減少します。

定率法の7年目を未償却残高×償却率で計算すると、償却保証額を下回るため、改定取得価額×改定償却率で計算します。つまり、定率法は途中から定額法になるのです。

定率法の場合も最終年度は備忘価額（1円）になるまで減価償却します。

❖減価償却の計算方法

図表 40・1 定額法と定率法の計算式

償却方法	計　算　式
定額法	取得価額×定額法の償却率
定率法	未償却残高×定率法の償却率 ※償却保証額（取得価額×保証率）に満たなくなった年分以後は次の算式で計算する（定額法） 改定取得価額×改定償却率

図表 40・2 定額法と定率法の償却率等

項　目	定　額　法	定　率　法
耐用年数	10年	10年
償却率	0.1	0.2
改定償却率	—	0.25
保証率	—	0.06552

図表 40・3 定額法と定率法による減価償却費

年数	定額法		定率法	
	償却額	簿　価	償却額	簿　価
1	10,000,000	90,000,000	20,000,000	80,000,000
2	10,000,000	80,000,000	16,000,000	64,000,000
3	10,000,000	70,000,000	12,800,000	51,200,000
4	10,000,000	60,000,000	10,240,000	40,960,000
5	10,000,000	50,000,000	8,192,000	32,768,000
6	10,000,000	40,000,000	6,553,600	26,214,400
7	10,000,000	30,000,000	6,553,600	19,660,800
8	10,000,000	20,000,000	6,553,600	13,107,200
9	10,000,000	10,000,000	6,553,600	6,553,600
10	9,999,999	1	6,553,599	1

＊定率法の7年目を償却率0.2で計算すると5,242,880円（26,214,400円×0.2）です。償却保証額6,552,000円（取得価額×保証率＝1億円×0.06552）を下回るため、改定取得価格26,214,400円に改定償却率0.25を乗じて7年目以降の減価償却費を計算します。

41 リースと減価償却

リースの減価償却は、一般的な固定資産の減価償却とは違います。ここではリースの減価償却について解説します。

まず、リースの借手と貸手は償却方法が違います。

リースの借手の減価償却方法を示したのが、図表41・1です。所有権移転ファイナンス・リースかそれ以外のリースかで減価償却の方法が異なります。

所有権移転ファイナンス・リースは、リース契約終了時に資産の所有権が貸手から借手に移転します。つまり、借手が減価償却資産を自ら取得したのと同じです。よって、原資産を自ら所有していたと仮定した場合に適用する減価償却方法と同一の方法で減価償却を行います。具体的には39・40で説明した固定資産の減価償却方法と同じです。

所有権移転外のリース（オペレーティング・リースを含む）は、リース契約終了後に貸手に資産を返還するため、リース期間において使用権資産を均等額償却（定額法）します。最終的に資産は残らないため残存価額はゼロです。

リースの貸手の減価償却方法を示したのが、図表41・2です。

ファイナンス・リースの貸手は売買処理によってリース開始日に資産を売却します。つまり、ファイナンス・リースの貸手は固定資産を保有していないため減価償却を行いません。リース債権およびリース投資資産をリース料回収時に利息法により取り崩します。

オペレーティング・リースの貸手の会計処理は、賃貸借処理です。貸手は固定資産を計上し続けていますから、リース開始前と変わらない減価償却方法で償却します。

❖リースの借手と貸手の減価償却の方法

図表41・1 借手のリースの減価償却の方法

	所有権移転ファイナンス・リース	所有権移転ファイナンス・リース以外
償却方法	原資産を自ら所有していたと仮定した場合に適用する減価償却方法と同一の方法	定額法等
耐用年数	経済的使用可能予測期間	リース期間
残存価額	合理的な見積額	ゼロ

図表41・2 貸手のリースの減価償却の方法

	ファイナンス・リース		オペレーティング・リース
	所有権移転	所有権移転外	
償却方法	固定資産の償却なし（リース債権は利息法により配分）	固定資産の償却なし（リース投資資産は利息法により配分）	通常の減価償却資産に適用する減価償却方法と同一の方法
耐用年数	なし（リース債権はリース期間で取崩す）	なし（リース投資資産はリース期間で取崩す）	経済的使用可能予測期間
残存価額	なし（リース債権の残存価額はゼロ）	なし（リース期間終了時に見積残存価額で資産計上する）	備忘価額（1円）

コラム

計算に使う割引率は年率か？　月次換算か？

リース会計基準では，支払リース料の現在価値をリース負債とします。具体的には，割引率（借手の追加借入利子率）を用いて支払リース料を現在価値に割引いてリース負債を計算します。

5年間の賃貸借契約において毎月の賃料が1,000千円（後払い），割引率が5%（年率）の場合，リース負債の計算には月割計算が必要です。この時，①割引率を年率のまま使用する方法，②割引率を月次換算（年率の1/12）して使用する方法が考えられます。

まず，①割引率は年率のまま使用する方法では，経過月数を年率換算（1/12）して計算します。この方法で計算したのが以下です。

$$\text{リース負債}=\frac{1{,}000\text{千円}}{(1+5\%)^{1/12}}+\frac{1{,}000\text{千円}}{(1+5\%)^{2/12}}+\frac{1{,}000\text{千円}}{(1+5\%)^{3/12}}+\cdots\cdots$$
$$=53{,}134\text{千円}$$

次に，②割引率を月次換算する方法では，経過月数をそのまま使用します。この方法で計算したのが以下です。

$$\text{リース負債}=\frac{1{,}000\text{千円}}{(1+5\%/12)^{1}}+\frac{1{,}000\text{千円}}{(1+5\%/12)^{2}}+\frac{1{,}000\text{千円}}{(1+5\%/12)^{3}}+\cdots\cdots$$
$$=52{,}991\text{千円}$$

この2つの計算結果は異なります。②の計算方法では1年後の割引率が $\frac{1}{(1+5\%/12)^{12}}$ となるため $\frac{1}{1+5\%}$ とはならないからです。普通に考えれば，正しい計算ではないでしょう。

割引率を月次換算すると現在価値が正しい値になりません。しかし，適用指針の設例では，②割引率を年率の1/12とする方法を使用しています。

リース会計基準はちょっとした誤差と考えているのかもしれませんね。

第4章

リース会計基準の詳細を理解しよう

前章ではリース会計基準の基本的な考え方について解説しました。ここからはリース会計基準における具体的な会計処理をどのようにするかについて解説します。

42

使用権資産とリース負債の関係

リース会計基準では、リースの借手はリース期間における支払リース料の現在価値をリース負債として計上し、その見合いとして使用権資産を計上します。

使用権資産はリース負債から計上するわけですから、基本的に使用権資産とリース負債は同額です。しかし、使用権資産とリース負債の金額が違う場合もあります。

ここでは使用権資産とリース負債の関係について解説します。

まず、リース負債は将来の支払リース料の現在価値の合計です。リース料支払総額から支払利息相当額を控除した金額がリース負債です。

使用権資産はリース負債の額を基礎にするものの、全く同じではありません。具体的には、リース負債に付随費用、前払リース料、権利金等、資産除去債務に対応する除去費用を加算し、リース・インセンティブを控除した額を使用権資産とします。

付随費用を加算するのは固定資産の取得と同じです。賃借物件は会計上、資産除去債務（原状回復費などの負債）を計上するため、これに対応する資産（除去費用）を使用権資産として計上します。また、前払リース料、権利金等（残存価格を控除）は支払済みのリース料なので使用権資産に加算します。

リース・インセンティブとは借手が貸手から補填してもらう移転・設置費用のことです。実質的なリース料の減額なので、使用権資産から控除します。

このように、使用権資産はリース負債の額と異なる場合があるので注意してください。

❖リース負債と使用権資産の金額はちょっと違う！

リース負債と使用権資産の関係

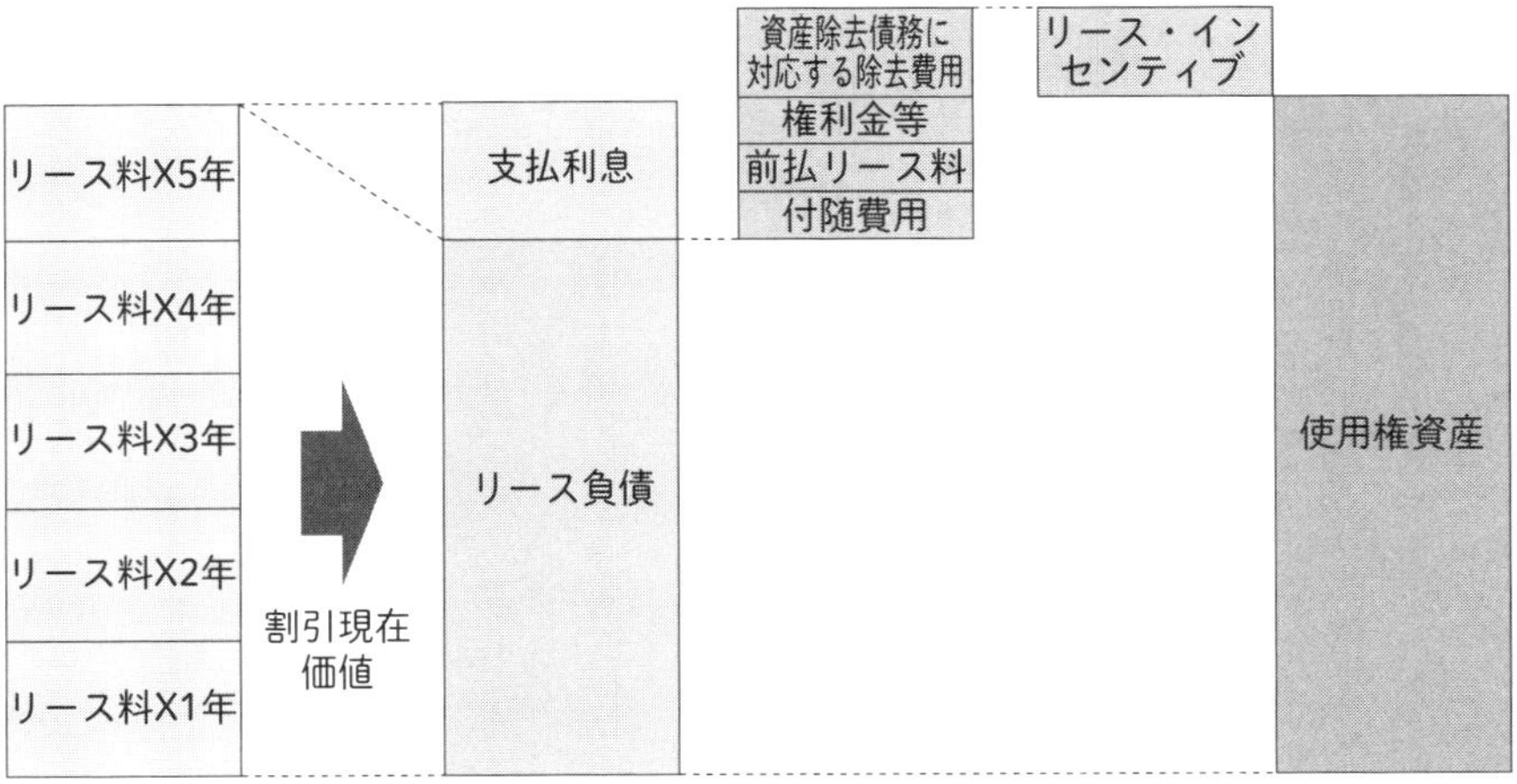

43 リースを含む契約とは？

リース会計基準に従って会計処理を行うためには、まず、賃貸借契約がリースを含むか否かを判断します（会計基準第25項）。16で説明したようにリース会計基準におけるリースは、以下の2つを満たす資産です。

① 特定された資産
② 使用を支配する権利（経済的利益の享受、指図権）が移転

これらを判定する際に利用するのが、左の図表のフローチャートです。

資産の特定には、資産の入れ替えをどちらが行うか、また、入れ替えによって経済的利益が発生するかどうかが論点になります。通常の不動産賃貸借契約は場所が特定（固定）されていますから、資産が特定されているといえるでしょう。

次に、使用を支配する権利が借手に移転するものがリースです。これは経済的利益の移転、指図権の移転の2つで判断します。

不動産賃貸借契約で賃借したエリア（部屋やフロア）を、借手が自由に使うことができれば、この要件は満たします。

賃貸借契約の中には、特定された資産の使用を支配する権利を満たさないものもあります。すなわち、すべての賃貸借契約がリース会計基準のリースに該当するわけではなく、一部の賃貸借契約はリースではありません。

判定基準の詳細について、次項以降で説明します。

❖リースの識別のフローチャート

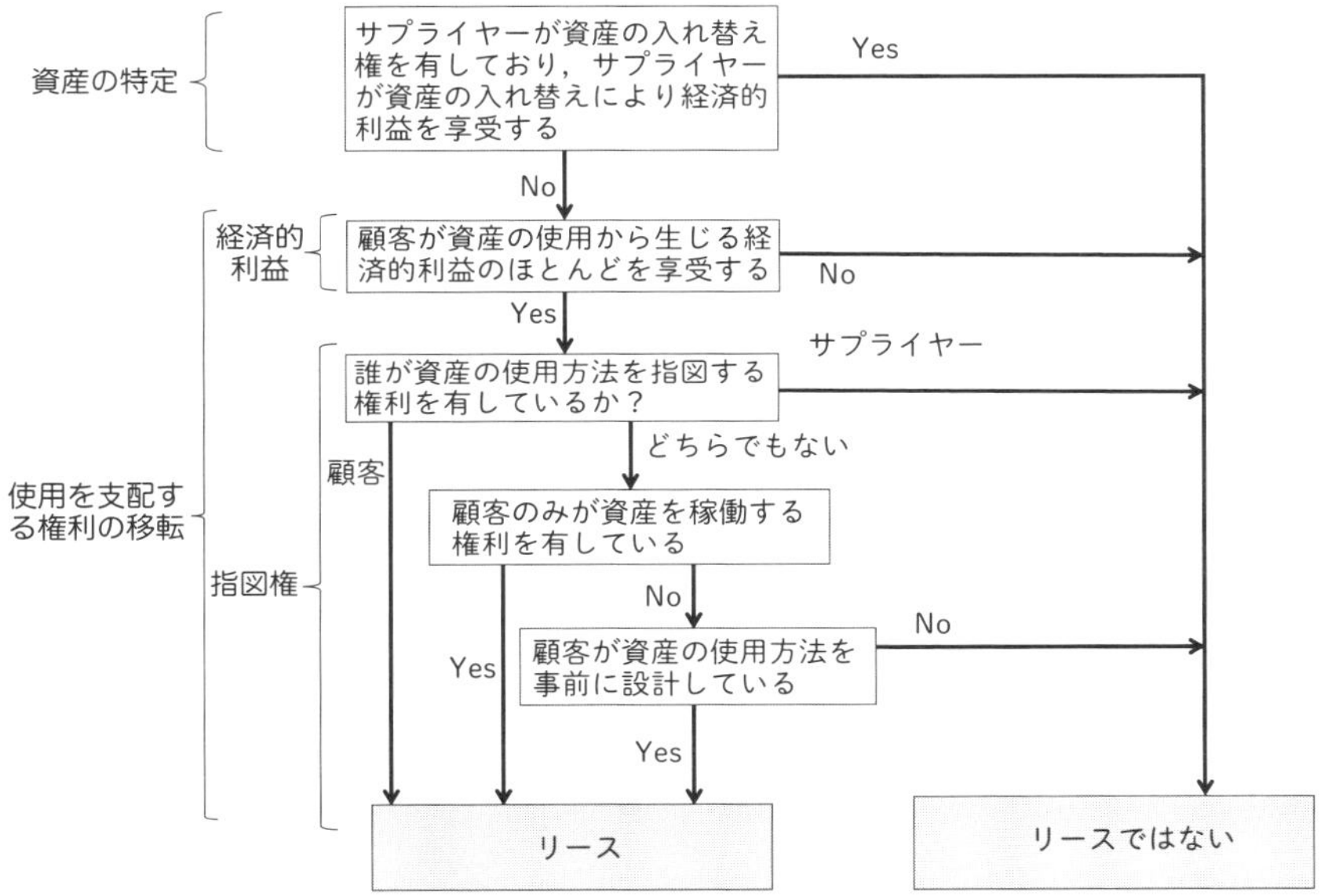

＊リース会計基準適用指針設例を参考に筆者が作成。顧客が使用できる資産が物理的に別個であるかは，経済的利益に含まれるものとしている。

44

特定された資産とは？

賃貸借契約には、通常対象となる資産が明記されます。不動産賃貸借契約であれば、所在地「東京都○○区○○」や物件名で特定するでしょう。

ただし、資産が契約に明記されている場合でも、次の2つを満たす場合には賃貸借契約の資産が特定されていないとされます。

具体的には、サプライヤー（貸手）が、①使用期間全体を通じて資産を代替する実質上の能力を有し、かつ、②資産の代替により経済的利益を享受する場合です。

ホテルの部屋を定期契約（月契約など）している場合を例にします。

サプライヤーはホテル運営会社です。借手が定期契約を結んでいる場合、特定された資産に該当するかを考えてみましょう。

ホテルに宿泊する場合、サプライヤーが部屋を指定し、顧客（借手）は毎日別の部屋に宿泊します。このため、サプライヤーは、①使用期間全体を通じて資産を代替する実質上の能力を有しています。

さらに、ホテルの空き状況によって、シングルルームに案内される場合があれば、ダブルルームに案内される場合もあるでしょう。これは、サプライヤーが売り上げを最大化するために行っているものですから、②資産の代替により経済的利益を享受する場合に該当します。

つまり、この場合は資産が特定されているとはいえず、リース会計基準のリースには該当しません。

このように、資産が特定されているか否かは2つの要件で判断します。

❖ホテルの定期契約はリースに該当するか？

図表44 資産の特定

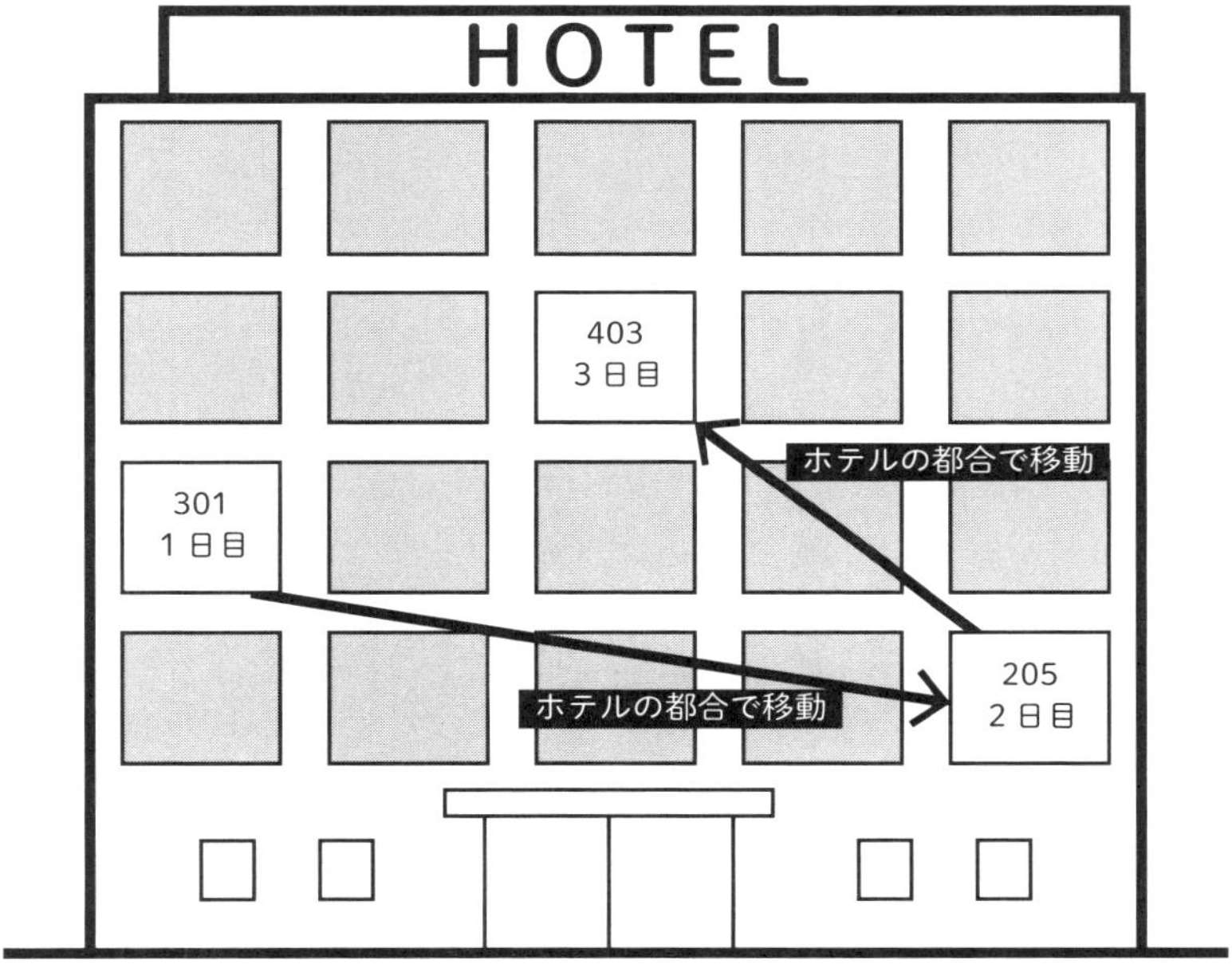

45 資産の使用の支配とは？

リース会計基準では、資産が特定されており、資産の使用を支配する権利が借手に移転する契約がリースに該当します。

このうち、資産の使用の支配は、①**経済的利益**、②**使用を指図する権利**の2つで判断します（要件については左の図表45に列挙）。

まず、①経済的利益は、通常の賃貸借契約であれば要件を満たします。要件を満たさない場合とは、資産が物理的に別個のものではない場合（たとえば、共同でオフィスを借りる場合）です。

オフィスを単独で借りている場合、顧客は資産の使用による経済的利益のほとんどすべてを享受する権利を有しているものとして、①経済的利益を満たします。

オフィスを50％ずつ借りている場合は、顧客は資産のほとんどすべてを利用することができないため、この要件は満たしません。

次の②使用を指図する権利は、簡単に言うと「顧客が資産を自由に使えるか？」という要件です。

たとえば、顧客がサプライヤーとクラウドサービスを契約している場合、顧客はサーバーの入替えを決定することができません。つまり、顧客はサーバーの使用を指図する権利は有していないと見做されます。この場合、顧客にとってサーバーはリースに該当しません。不動産ではシェアオフィスが似たような状況にあるでしょう。

資産の使用の支配を判定するための2つの要件について説明しました。この2つの要件はわかりにくいため、次項から事例を使って説明します。

❖資産の使用を支配ってどういうこと？

図表45 資産の使用を支配する権利

要件	内容
経済的利益	顧客が当該資産の使用による経済的利益のほとんどすべてを享受する権利を有していること（適用指針第5項(1)）
指図権	顧客が使用期間全体を通じて使用から得られる経済的利益に影響を与える資産の使用方法を指図する権利を有している場合（適用指針第8項(1)）
	使用から得られる経済的利益に影響を与える資産の使用方法に係る決定が事前になされており，下記の①または②のいずれかを満たすこと ①　使用期間全体を通じて顧客のみが，資産を稼働する権利を有している（適用指針第8項(2)①） ②　顧客が使用期間全体を通じた資産の使用方法を事前に決定するように設計されている（適用指針第8項(2)②）

46 経済的利益の「ほとんどすべて」とは？

リース会計基準において、顧客が経済的利益を有している賃貸借契約がリースです。これは、顧客が当該資産の使用による経済的利益の**ほとんどすべて**を享受する権利を有している状態を指します。

……何を言っているのかわかりにくいですよね。

通常の不動産賃貸借契約は、物件（建物、部屋など）を特定しているため、経済的利益のすべてを享受する権利を有しています。つまり、「ほとんどすべて」ではなく「すべて」です。

リース会計基準における「ほとんどすべて」が問題になるのはどういう場合でしょうか？

答えは、顧客が共同で賃貸借契約を締結している場合です。

たとえば、A社がB社と共同でサプライヤー（オーナー）から物流施設を賃借している場合を想像してください。

A社とB社の取り決めでは利用可能なエリアを区切っておらず（物理的に個別でない）、A社が倉庫全体の70％、B社が倉庫全体の30％を使用できるとします（図表46）。この場合、A社は倉庫を使用できるものの、使用できるのは全体の70％なので「ほとんどすべて」には該当しません。

なお、リース会計基準では「ほとんどすべて」が何パーセント以上かを明記していません。ただし、適用指針設例4において、「70％はほとんどすべてには該当せず、99・9％がほとんどすべてに該当する」としていますから、相当高い割合を想定しているようです。

経済的利益が問題になるのは、物理的に個別でない物件（壁などで区切られていない空間など）を共同で使用している場合だと理解してください。

❖「ほとんどすべて」が問題になるのは，どういう場合？

図表46 マルチテナント型物流施設の場合

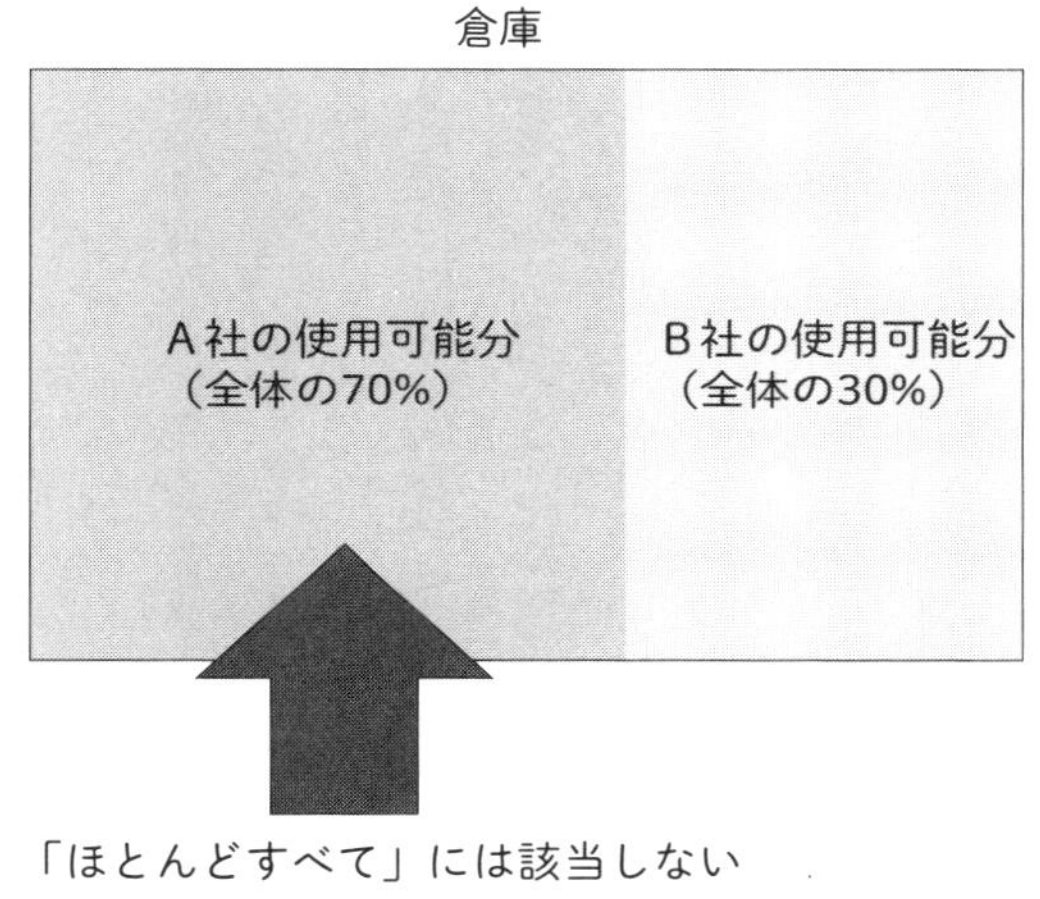

47 指図権とは？

リース会計基準では、顧客が資産の使用を指図する権利を有していなければ、リースに該当しません。顧客が資産を自由に使えなければ資産に対する支配が移転されていない、と考えるからです。

まず、リース会計基準における指図権（適用指針第8項）とは図表47・1を指します。ほとんどの不動産の賃貸借契約は指図権を満たします。

指図権の判定について、シェアオフィスを例にして説明します。

A社（顧客）がB社（サプライヤー）の運営するシェアオフィスのすべてを賃借し、契約内容は図表47・2の3種類とします。指図権の判定は図表47・3です。

まず、ケース1では、B社がシェアオフィスの利用規約を定めており、A社がそれに従います。A社は使用方法を指図する権利を有していませんから、要件Ⅰを満たしません。

次に、シェアオフィスの運営はB社が行うため、A社は要件Ⅱ-①を満たしません。また、A社は設計に関与していないため、要件Ⅱ-②も満たしません。

ケース2では、A社が自由にシェアオフィスを利用できるため、要件Ⅰを満たします。しかし、シェアオフィスの運営・設計をB社がしているためⅡ-①、Ⅱ-②は満たしません。

ケース3では、B社がA社のオフィスの管理業務を行っているだけなのでⅠ、Ⅱ-①、Ⅱ-②のすべてを満たします。

このように、指図権が顧客にない契約もあるので注意してください。

❖不動産賃貸借契約で指図権がない場合とは？

図表47・1 指図権の内容

要件	内　　容
Ⅰ	顧客が使用期間全体を通じて使用から得られる経済的利益に影響を与える資産の使用方法を指図する権利を有している場合
Ⅱ	使用から得られる経済的利益に影響を与える資産の使用方法に係る決定が事前になされており，下記の①または②の何れかを満たす。 ①　使用期間全体を通じて顧客のみが，資産を稼働する権利を有している ②　顧客が使用期間全体を通じた資産の使用方法を事前に決定するように設計されている

図表47・2 シェアオフィスの契約

ケース	内　　容
1	B社がシェアオフィスを設計し運営している。利用者はB社の作成した利用規約に従う。
2	B社がシェアオフィスを設計し運営している。利用規約は存在しない。
3	B社はA社のオフィスの管理業務を行っている。

図表47・3 シェアオフィスの指図権の判定

ケース	4	2	3
内容	B社が設計・運営，利用規約あり	B社が設計・運営，利用規約なし	B社は管理会社として雇われている
Ⅰ	×	○	○
Ⅱ－①	×	×	○
Ⅱ－②	×	×	○
判定	指図権なし	指図権なし	指図権あり

○：該当する　×：該当しない

48 リースを構成する部分とリースを構成しない部分(1)　借手

リース料には、管理費等（メンテナンス費用など）が含まれる場合があります。いわゆるメンテナンスリースです。不動産賃貸借契約であれば、管理費や清掃費用が該当するでしょう。

リース会計基準では、リースを含む契約について、原則として、リースを構成する部分とリースを構成しない部分を分けて会計処理を行います（会計基準第28項）。

借手は、リースを構成する部分とリースを構成しない部分を分けずに会計処理することもできます（会計基準第29項）。借手は正確な内訳金額がわからないからです。

貸手は内訳金額を知っているため、原則としてリースを構成する部分とリースを構成しない部分を分けなければいけません。

ここでは借手の会計処理について説明します。

リースを構成する部分とリースを構成しない部分に分ける場合には、それぞれの部分の独立価格の比率に基づいてリース料を配分します。不動産賃貸借契約の場合は、家賃相当額とそれ以外の価格を別々に把握して、その比率で配分します。

リース契約が図表48・1である場合、分けて処理する場合の借手の会計処理は図表48・2です。リース料の支払時にリース負債の返済額と管理費等の費用に分けて会計処理します。

分けずに処理する場合の借手の会計処理は、図表48・3です。

分けて会計処理したほうが手間はかかるものの、資産・負債の計上額が少なくなることがわかります。

❖借手の会計処理方法は２種類

図表48・1 前提条件

リース期間	10年（年1回後払い）
契約対価（利息控除後）	90,000千円
リースを構成する部分の独立販売価格	80,000千円
リースを構成しない部分の独立販売価格	20,000千円

図表48・2 分けて処理する場合

	金額	計算式
リースを構成する部分	72,000千円	90,000×80,000÷100,000
リースを構成しない部分	18,000千円	90,000×20,000÷100,000
計	90,000千円	

・リース開始日の会計処理（借手）

（借）	使用権資産	72,000千円	（貸）	リース負債	72,000千円

・リース料支払日・決算日の会計処理（借手）

（借）	リース負債	7,200千円	（貸）	現金預金	9,000千円
	費用	1,800千円			
（借）	減価償却費	7,200千円	（貸）	減価償却累計額	7,200千円

＊支払利息の影響は無視している（以下，同様）。

図表48・3 分けずに処理する場合

・リース開始日の会計処理（借手）

（借）	使用権資産	90,000千円	（貸）	リース負債	90,000千円

・リース料支払日・決算日の会計処理（借手）

（借）	リース負債	9,000千円	（貸）	現金預金	9,000千円
（借）	減価償却費	9,000千円	（貸）	使用権資産	9,000千円

49 リースを構成する部分とリースを構成しない部分⑵　貸手①

リース料に管理費等（メンテナンス等の役務提供）が含まれる場合、リースの貸手は、リースを構成する部分とリースを構成しない部分の収益計上時期およびパターンが同じオペレーティング・リースを除き、リースを構成する部分とリースを構成しない部分を分けて会計処理を行います（適用指針第14項）。

まず、貸手が資産（リース投資資産またはリース債権）計上する金額は、原資産の現金購入価額です。借手のように契約対価の配分は必要ありません。

受け取ったリース料の会計処理方法は2つあります。

1つ目の方法は、契約対価のうちリースを構成する部分、リースを構成しない部分に配分する方法です（適用指針第13項⑴）。

具体的には、リース契約の内容が図表49・1であった場合、貸手は図表49・2のように会計処理を行います。

リース料の受取の際には、リースを構成する部分（7，200千円）から元本回収額（6，000千円）を控除した額（1，200千円）を受取利息とします。

もう一つの方法は、貸手の維持管理費相当額（固定資産税および保険料）がリース料に含まれる場合、契約対価から維持管理費相当額を控除した金額を、リースを構成する部分、リースを構成しない部分に配分する方法です（適用指針第13項⑵）。計算方法が複雑なので次項で説明します。

このように、借手よりも貸手のリースを構成する部分とリースを構成しない部分の会計処理は複雑です。

❖貸手の会計処理方法（その１）

図表 49・1 前提条件

契約形態	所有権移転外ファイナンス・リース
リース期間	10 年（年 1 回後払い）
契約対価（利息控除後）	90,000 千円
リースを構成する部分の独立販売価格	80,000 千円
リースを構成しない部分の独立販売価格	20,000 千円
原資産の現金購入価額	60,000 千円

図表 49・2 貸手の会計処理

	金　額	計算式
リースを構成する部分	72,000 千円	90,000×80,000÷100,000
リースを構成しない部分	18,000 千円	90,000×20,000÷100,000
契約における対価の金額	90,000 千円	

・リース開始日の会計処理（貸手）

（借）	リース投資資産	60,000 千円	（貸）	未払金	60,000 千円

・リース料支払日・決算日の会計処理（借手）

（借）	現金預金	9,000 千円	（貸）	リース投資資産（*1）	6,000 千円
				受取利息（*2）	1,200 千円
				収益（*3）	1,800 千円

＊１：リース投資資産＝60,000 千円÷10
＊２：受取利息＝（72,000 千円－60,000 千円）÷10
（ここでは簡便的に定額法で算定）
＊３：リースを構成しない部分の収益＝18,000 千円÷10

50 リースを構成する部分とリースを構成しない部分⑵　貸手②

49で説明したように、リース会計基準では、リース料に管理費等が含まれる場合、原則として、貸手はリースを構成する部分とリースを構成しない部分を分けて会計処理を行います。ここでは貸手の2種類の会計処理方法のうち、もう1つの方法について説明します。

貸手の維持管理費相当額（固定資産税および保険料）がリース料に存在する場合は、契約対価から維持管理費相当額を控除した金額を、リースを構成する部分、リースを構成しない部分に配分することができます（適用指針第13項⑵）。

紛らわしいのですが、ここでの維持管理費相当額とは貸手が払っている不動産の固定資産税等のことです。借手に請求している管理費等（メンテナンス費用など）ではありません。

リース契約の内容は、図表50・1とします。貸手の維持管理費相当額が10，000千円です。契約における対価の金額90，000千円から維持管理費相当額10，000千円を控除した金額80，000千円を、リースを構成する部分、リースを構成しない部分に配分します。

貸手は図表50・2のように会計処理を行います。貸手の資産（リース投資資産またはリース債権）計上金額は原資産の購入価額です。

リース料の受取の際には、リースを構成する部分（6，400千円）から元本回収額（6，000千円）を控除した額（400千円）を受取利息として計上します。リースを構成しない部分（1，600千円）が期間按分されるのも同じです。

貸手の維持管理費相当額の期間按分（1，000千円）については貸手の損益計算書において収益に計上するか、費用から控除（貸手が支払った金額と相殺）します。

❖貸手の会計処理方法（その２）

図表 50・1 前提条件

契約形態	所有権移転外ファイナンス・リース
リース期間	10 年（年１回後払い）
契約対価（利息控除後）	90,000 千円
リースを構成する部分の独立販売価格	80,000 千円
リースを構成しない部分の独立販売価格	20,000 千円
原資産の現金購入価額	60,000 千円
貸手の維持管理費相当額	10,000 千円

図表 50・2 維持管理費相当額を対価から控除する場合

	金　額	計算式
リースを構成する部分	64,000 千円	80,000 × 80,000 ÷ 100,000
リースを構成しない部分	16,000 千円	80,000 × 20,000 ÷ 100,000
契約における対価の金額	80,000 千円	

・リース開始日の会計処理（貸手）

（借）	リース投資資産	60,000 千円	（貸）	未払金	60,000 千円

・リース料支払日・決算日の会計処理（借手）

（借）	現金預金	9,000 千円	（貸）	リース投資資産（*1）	6,000 千円
				受取利息（*2）	400 千円
				収益（*3）	1,600 千円
				収益（または費用の減少）（*4）	1,000 千円

＊１：リース投資資産＝60,000 ÷ 10
＊２：受取利息＝（64,000 − 60,000）÷ 10
（ここでは簡便的に定額法で算定）
＊３：リースを構成しない部分の収益＝16,000 ÷ 10
＊４：貸手の維持管理費相当額の期間按分＝10,000 ÷ 10

51 リース期間

リース期間は、リース負債の計上などの会計処理に必要な情報です。

不動産賃貸借契約には契約期間（賃貸借契約の有効期間）が定められています。しかし、契約期間がすなわちリース期間になるわけではありません。

なぜなら、リース会計基準では借手のリース期間は解約不能期間に以下を加味して決定するからです（会計基準第31項）。

① 借手が行使することが合理的に確実であるリースの延長オプションの対象期間

② 借手が行使しないことが合理的に確実であるリースの解約オプションの対象期間

貸手のリース期間は、借手のリース期間と同様の方法により決定した期間、または解約不能期間に借手が再リースする意思が明らかな場合の再リース期間を加えた期間のいずれかとします（会計基準第32項）。

ここで、延長オプションは契約を延長する権利、解約オプションは契約を解約する権利です（図表51・1）。

具体例を用いてリース期間を解説しましょう。

たとえば、契約期間が2年間であっても、借手が4年間利用することが合理的に確実である場合、借手は契約を2年間延長（延長オプションを行使）するため、リース期間は4年間と考えます（図表51・2）。

逆に、契約期間20年であるものの、建物の物理的使用可能期間が10年であれば、借手は10年を超えて借りません。事前通知によって解約が可能な場合、10年経過後に借手は解約オプションを行使します。この場合のリース期間は10年と考えます（図表51・3）。

経済的インセンティブとして考慮するものが特にない場合はリース期間＝契約期間とします。

❖「リース期間＝契約期間」ではない！

図表51・1 延長オプションと解約オプション

用語	意味
延長オプション	契約を延長する権利
解約オプション	契約を解約する権利

図表51・2 延長オプションとリース期間

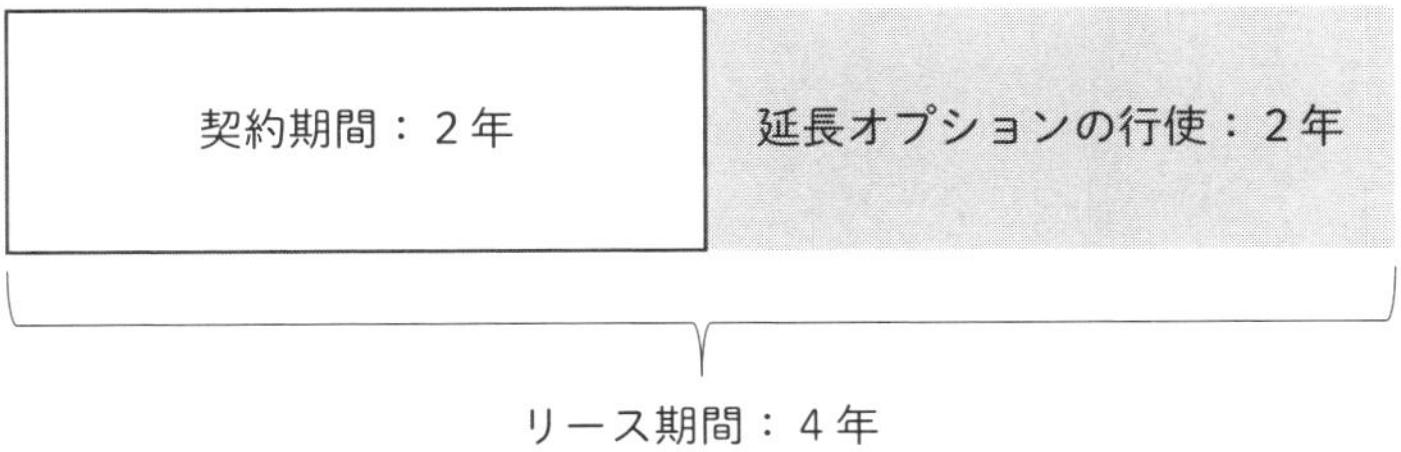

図表51・3 解約オプションとリース期間

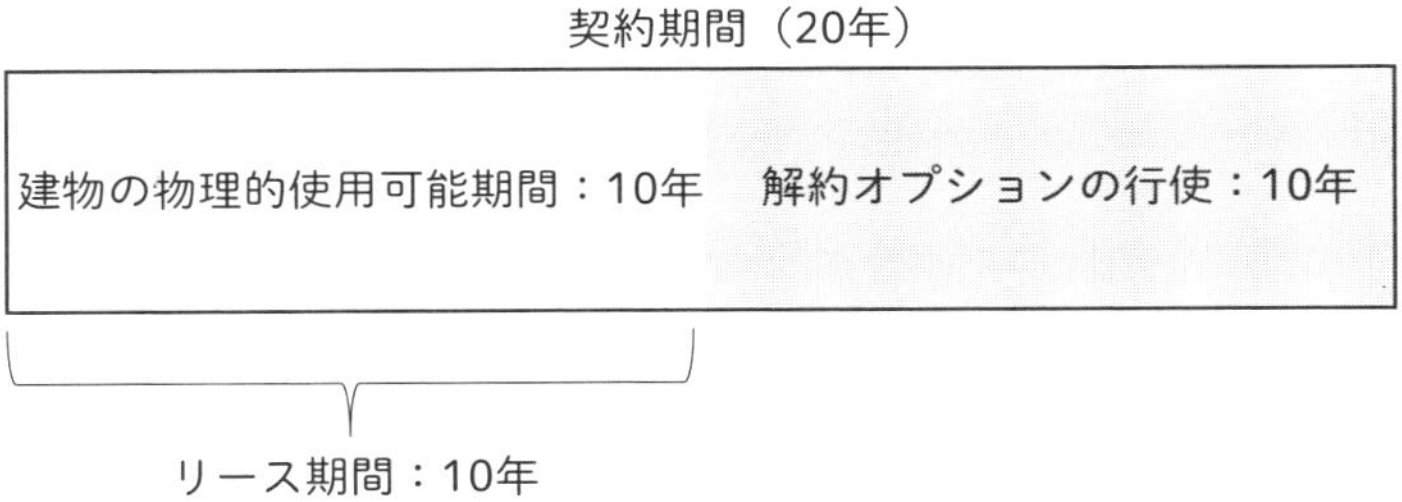

52 見積残存価額

所有権移転外ファイナンス・リースの貸手は、リース投資資産の回収スケジュールを計算する際に、見積残存価額を使用します。

見積残存価額とは、貸手のリース期間終了時に見積られる残存価額で、残価保証額以外の額です（会計基準第47項）。

要は、リース契約が終了して資産が返還されてきた時に、貸手が固定資産として計上する価額のことです（図表52・1）。

見積残存価額が関係あるのは、基本的に、所有権移転外ファイナンス・リースの貸手だけです。所有権移転ファイナンス・リースの場合は資産が返還されないため、リース契約終了時に資産を計上しません。オペレーティング・リースの貸手は、会計処理が賃貸借処理なので関係ありません。もちろん、借手も関係ありません。

貸手が見積残存価額を使用するのは、所有権移転外ファイナンス・リースの利息法による会計処理、中途解約の場合の会計処理です（図表52・2）。

貸手が所有権移転外ファイナンス・リースの会計処理をする場合、受取リース料に見積残存価額を加算した金額をリース投資資産と受取利息に配分します。

また、中途解約の会計処理を行う場合、貸手は借手から受け取った損害金からリース投資資産（またはリース債権）および見積残存価額を控除した金額を損益とします（適用指針第77項）。

このように、見積残存価額を使用するケースは限定的です。実際に利用する際にこのページを見返してください。

❖見積残存価額を使うのは所有権移転外ファイナンス・リースの貸手だけ

図表52・1 リースの開始時と終了時の貸手の会計処理

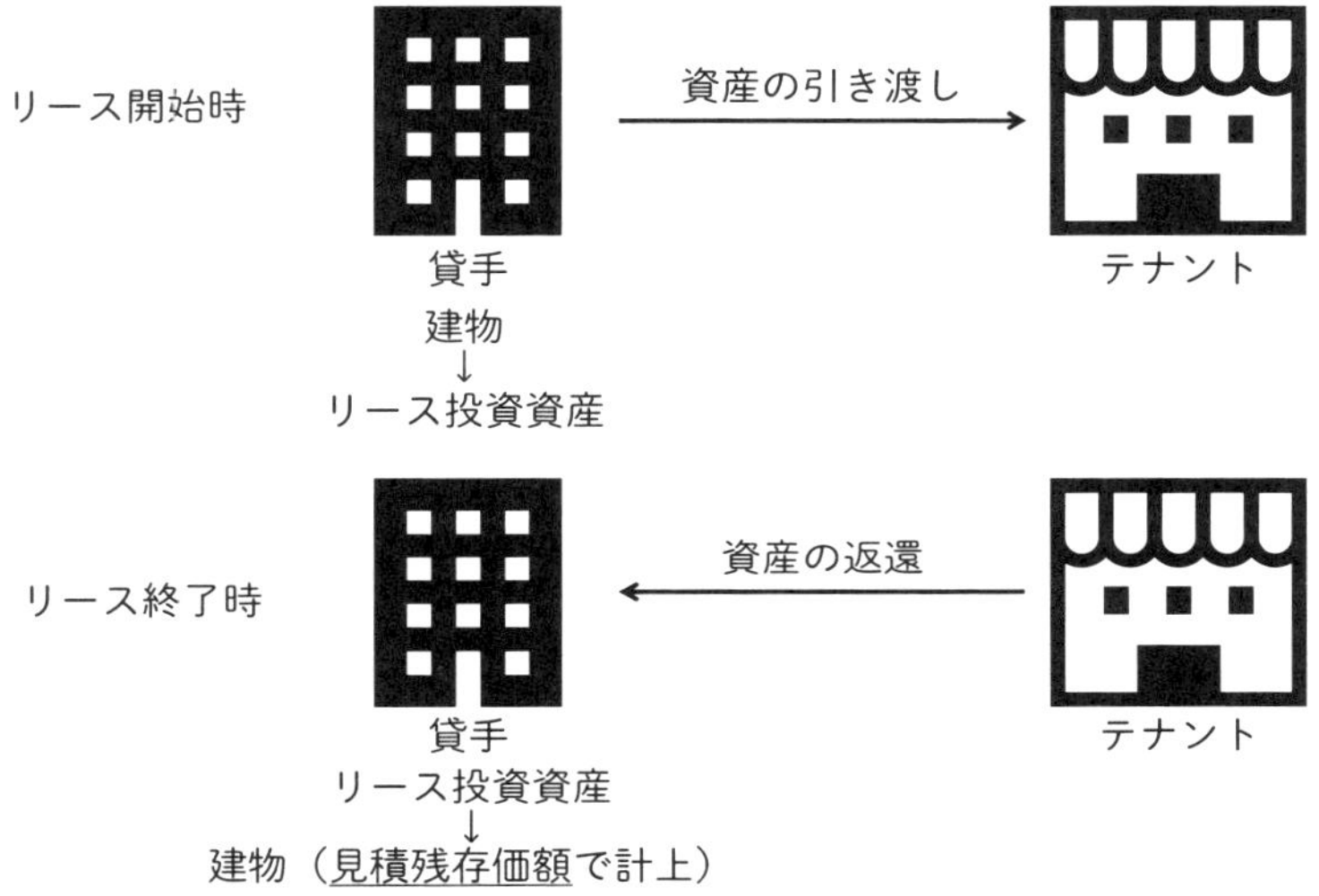

図表52・2 貸手における見積残存価額の使用

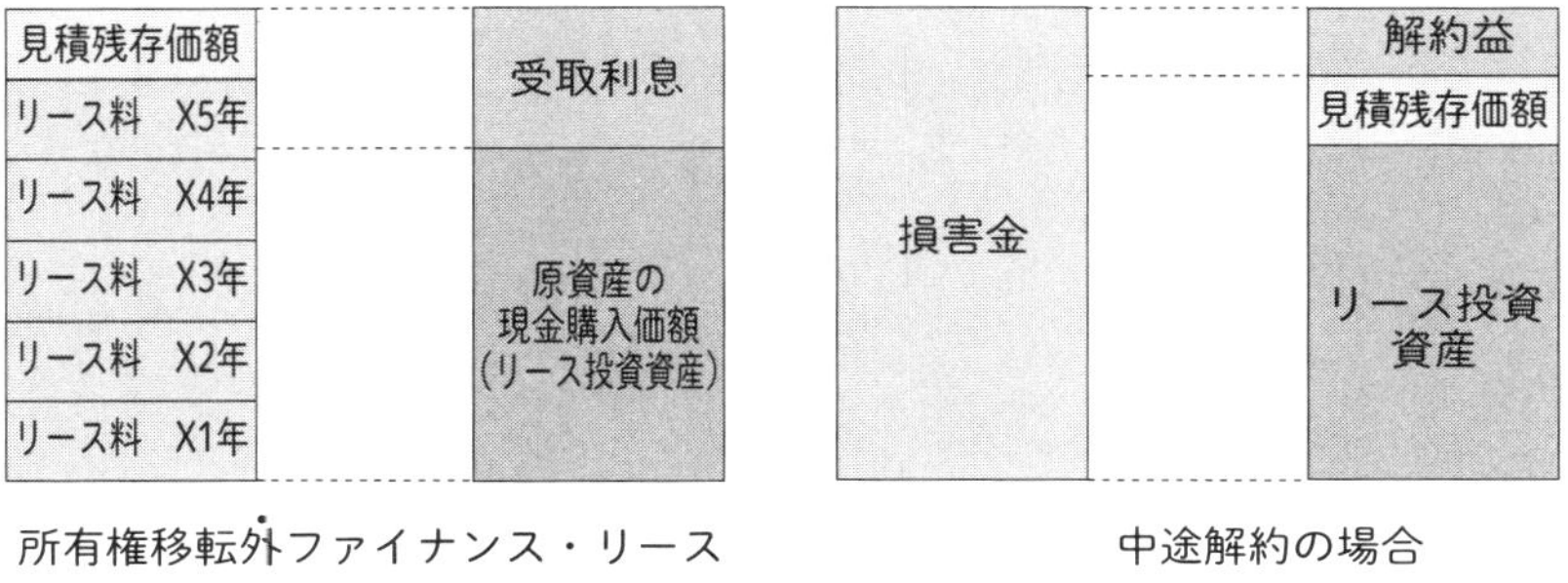

53 残価保証

残価保証は、不動産賃貸取引には直接関係ありません。ただし、会計処理方法が特徴的なので、念のためにここで説明します。

まず、残価設定が用いられるのは、リース料が安くなるからです。たとえば、販売価格200万円の自動車のリースで残価（リース終了時の見積時価）が50万円の場合、借手は150万円分のリース料を支払えばいいのです。

次に、残価保証とは、リース終了時に原資産の価値が契約上取り決めた保証価額に満たない場合、借手はその不足額を貸手に支払う義務を負うことです。会計上は残価保証による支払見込額を見積もって、リース負債を修正します。

数値例を使って説明しましょう。

リースの条件を図表53・1とします。借手は5年間でリース料1,000万円を支払い、リース期間終了時に残価保証による支払額を100万円と見積もりました。つまり、借手は合計1,100万円を支払うと見込んでいます。

割引率を5%として利息法によるリース負債の返済スケジュールを作成したのが図表53・2です。

リース負債の計算において、最終回の支払リース料に残価保証による支払見込額を加算します（計算方法の説明は省略）。

また、貸手のリース投資資産の利息法においても、残価保証を加味して計算します（ここでは説明を省略します）。

不動産賃貸借契約では、原状回復費用が残価保証に近いでしょう。ただし、原状回復費用は資産除去債務として会計処理されるため、リース会計における残価保証による支払見込額ではありません。

❖「残価保証＝原状回復」ではない！

図表 53・1 計算の前提

リース期間	5 年間
リース料	毎年 2,000 千円
リース料の支払い	年 1 回，後払い
残価保証による支払見込額	1,000 千円
借手の追加借入利子率	5％

図表 53・2 利息法によるリース負債の返済スケジュール

（単位：千円）

年数	返済前元本 A	返済額計 B	利息返済額 C＝A×5%	元本返済額 D＝B－C	返済後元本 E＝A－D
1	9,442	2,000	472	1,528	7,915
2	7,915	2,000	396	1,604	6,310
3	6,310	2,000	316	1,684	4,626
4	4,626	2,000	231	1,769	2,857
5	2,857	3,000	143	2,857	0
	計	11,000	1,558	9,442	

＊ 5 年目の返済額には支払リース料 2,000 千円に残価保証による支払見込額 1,000 千円が加算されています。

54 リースの契約条件の変更

リース期間中にリースの契約条件が変更される場合があるでしょう。具体的には面積、賃料、契約期間などの変更です。

リース会計基準において、リースの契約条件の変更は次のいずれかの方法または両方を組み合わせます（会計基準第39項、適用指針第44項、45項）。

① 変更前のリースとは独立したリースとして会計処理する

② リースの一部または全部の解約を反映するように会計処理する

③ リース負債の計上額を見直す

まず、①独立したリースと見なすのは、図表54・1の要件をいずれも満たす場合です。新規に追加される部分（面積の増加分）を新たなリースとします。

次に②は、リースの範囲が縮小される場合の会計処理方法です。具体的には、面積が減る場合が該当します。

それ以外の変更（賃料や契約期間の変更）は③です。

独立したリースと見なさない契約変更については、図表54・2のようにリース負債と使用権資産を修正します（適用指針第45項）。

リースの範囲が縮小する場合には解約（一部または全部）とみなして会計処理をします。その他の契約変更はリース負債を再計算して修正し、リース負債の修正額と同額の使用権資産を加減算します。

契約変更の内容、会計処理方法、具体例を比較したものが図表54・3です。

なお、契約条件の変更の会計処理は複雑です。第5章で不動産賃貸借取引の事例を使って解説します。

❖契約条件の変更の会計処理方法は３種類

図表 54・1 独立したリースとみなす契約変更

要　　件	具体的な内容
契約変更によりリースの範囲が拡大されること	面積が増える場合
範囲が拡大した部分に対する独立価格に特定の契約の状況に基づく適切な調整を加えた金額分だけ増額されること	追加部分に適正な賃料が設定されている場合（既存部分の値上げ，値下げが含まれてない）

図表 54・2 独立したリースではない契約変更

科目	修　正　内　容
リース負債	変更後の条件を反映した借手のリース期間を決定し，変更後の条件を反映した借手のリース料の現在価値まで修正する
使用権資産	リースの範囲が縮小されるものについては，リースの一部（または全部）の解約を反映するように使用権資産の帳簿価額を減額する。この際，リース負債との差額は損益として計上する
	リースの範囲縮小以外の修正については，リース負債の金額を計算し同額を使用権資産に加減算する

図表 54・3 リース契約条件の変更

変更内容	会計処理方法	具体例
リースの範囲の拡大	新たなリースとして会計処理する	面積の増加
リースの範囲の縮小	リースの解約として会計処理する	面積の減少
その他	リース負債を再計算して修正し，同額の使用権資産を加減算する	賃料変更 期間変更

55 リースの契約条件の変更を伴わないリース負債の見直し

リース会計基準では、リースの契約条件に変更がなくても、リース期間やリース料に変更がある場合にはリース負債の修正が必要です。

具体的には図表55・1に記載したケースです（会計基準第40項）。

リース期間に変更がある場合とは、賃貸借契約の開始時には想定していなかった事象が発生して、借手が契約期間を延長オプションまたは解約オプションを行使する場合です。

当初予定になかった新規事業を開始したことにより、工場の契約期間を延長する場合をイメージしてください。

借手のリース期間に変更がなく、借手のリース料に変更がある場合とは、図表55・2の場合です（適用指針第47項）。

＃1と＃2は不動産賃貸借契約には関係ありません。「＃3指数またはレートに応じて決まる借手の変動リース料」は外国の不動産賃貸借契約で発生する可能性があります。

なお、「＃3指数またはレートに応じて決まる借手の変動リース料」は不動産関係者には紛らわしい用語だと思われますので、次項で解説します。

リースの契約条件の変更を伴わない場合の会計処理は、前項図表54・3の「それ以外」と同じです。リース期間の変更、または、リース料の変更を反映してリース負債を再計算し、リース負債残高との差額を会計処理します。

その際、使用権資産もリース負債の増減額と同額を修正します。

リースの契約条件の変更を伴わない場合であっても、リースの契約条件の変更と同じ会計処理が必要になると理解してください。

❖契約条件の変更がなくてもリース負債の見直しが必要な場合

図表55・1 リース負債の見直しが必要となるケース

#	該当するケース	具体的な内容
1	借手のリース期間に変更がある場合	当初計画していた契約期間を超えて賃借することを借手が決定した場合
2	借手のリース期間に変更がなく借手のリース料に変更がある場合	残価保証による支払見込額に変更がある場合 指数又はレートに応じて決まる借手の変動リース料に変動がある場合

図表55・2 リース料の変更がある場合

#	該当するケース
1	原資産を購入するオプションの行使についての判定に変更がある場合
2	残価保証に基づいて支払われると見込まれる金額に変動がある場合
3	指数またはレートに応じて決まる借手の変動リース料に変動がある場合

56 変動リース料

55において「指数またはレートに応じて決まる借手の変動リース料」（適用指針第47項(3)）について触れました。

不動産関係者には紛らわしい表現ですから、ここで解説します。

商業施設の不動産賃貸借契約において、テナントが「売上高の○%を変動賃料として払う」という契約条件が設定されている場合があります。これが不動産業界での「変動賃料」です。再エネ施設の賃貸借契約にも同様の「変動賃料」があります。

一方、リース会計基準における「指数」は、売上高などを含みません。つまり、リース会計基準の「指数又はレートに応じて決まる借手の変動リース料」は不動産関係者がイメージする「変動賃料」ではありません（会計基準BC29）。

不動産業界の変動賃料は、リース会計基準では「リース負債に含めなかった借手の変動リース料」（適用指針第51項）に該当し、発生時に支払リース料として損益計上します。

リース会計基準での「指数又はレートに応じて決まる借手の変動リース料」は「インフレ等を考慮した賃料の見直し」です。

日本の賃貸借契約には「賃貸人と賃借人は、物価変動、近隣相場等の諸般の事情に鑑み合意のうえ賃料を変更することができる」などの文言が入っています。でも、賃料変更に至るケースはまれです。

しかし、インフレが激しい国では賃料が頻繁に改定されます。

リース会計基準では、借手に関係なく経済環境が変わった場合にリース負債を修正することを要求しています。特に不動産関係者は誤解しないようにしてください。

❖「変動リース料＝変動賃料」ではない！

指数又はレートに応じて決まる変動リース料

	具　体　例
該当するケース	消費者物価指数（CPI）の変動に基づいて賃料が変更される場合
該当しないケース	売上に連動する変動賃料（商業施設など） 発電量に連動する変動賃料（太陽光発電施設など）

指数またはレートに応じて決まる変動リース料はインフレなどを反映するものだから，不動産関係者がイメージする「変動賃料」とは違うんだね。

57 建設協力金等の差入預託保証金

建設協力金は、不動産関係者には馴染みがあるでしょう。建物の借手が貸主（土地所有者）に対して預託する金銭のことです。建物の貸手は、自己資金と借手からの建設協力金で建物を建設します。

建物の建設後、建設協力金は賃貸借契約の差入保証金となり、賃料から相殺していくことで借手に返還されます。言い換えれば、借手にとって建設協力金とは賃料の前払債権です。

借手のキャッシュ・フローを時系列で示したのが図表57・1です。名目は変わるものの、支払った建設協力金は最終的には賃料と相殺されます。

リース会計基準において、**借手の**建設協力金（会計上は長期貸付金等）の当初認識時の時価は、返済期日までのキャッシュ・フローの現在価値です。建設協力金の支出額と時価との差額は使用権資産として資産計上します（適用指針第29項）。

建設協力金の支払額（回収額）・時価と使用権資産の関係を示したのが図表57・2です。

なお、建設協力金（差入預託保証金）のうち、貸手から借手に将来返還されないことが契約上定められている金額については、使用権資産の取得価額に含めます（適用指針第32項）。前払リース料の扱いと同じですね。

借手が資産計上した建設協力金（長期貸付金）は、賃貸借契約開始後、満期までの間に回収（支払賃料と相殺）されます。**借手**は回収時に時価と回収額との差額を受取利息として計上します。この会計処理方法は**貸手**の利息法と似ています。

建設協力金（差入預託保証金）の支出時に計上した使用権資産は満期までの期間において減価償却して費用化します。

ちょっと会計処理が複雑なので第5章73 74で改めて解説します。

❖建設協力金＝賃料の前払い

図表 57・1 借手の建設協力金のキャッシュ・フロー

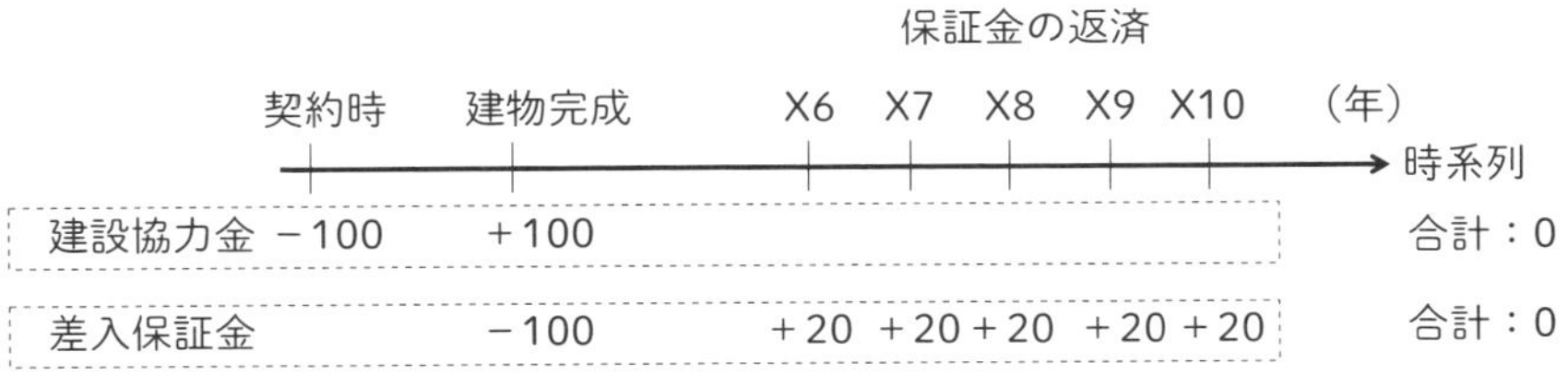

図表 57・2 建設協力金の支払額・時価と使用権資産の関係

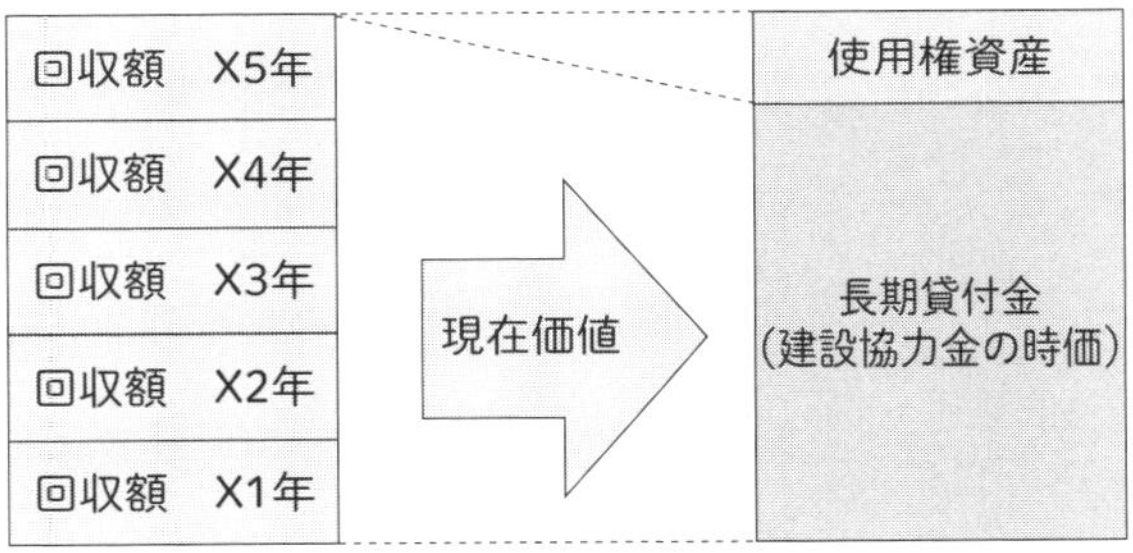

58 使用権資産総額に重要性が乏しいと認められる場合の取扱い

使用権資産総額の重要性が乏しいリースは、簡便的な会計処理をすることが容認されています（適用指針第40項〜42項）。これは賃貸借処理が容認される短期リースや少額リース（34を参照）とは別の容認規定なので留意してください。

まず、使用権資産総額に重要性が乏しい場合は、図表58・1の式で判定します。有形固定資産・無形固定資産と比較して、未経過リース料の期末残高が10％未満であれば、金額的重要性が乏しい場合として判定されます。

使用権資産総額に重要性が乏しい場合に認められている、簡便的な会計処理は2種類です（図表58・2）。

リース料総額を使用権資産とリース負債として計上する方法、支払利息を利息法ではなく定額法で計上する方法です。

上場企業におけるリース会社とのリース取引（不動産賃貸借契約を除く）は、大部分がこの使用権資産総額に重要性の乏しい場合に該当するようです。

ただし、不動産賃貸借契約のリース料総額は高額です。器具備品のリース取引ほど使用権資産総額に重要性の乏しい場合に該当しないでしょう。

なお、改正前のリース会計基準においてこの簡便法が利用できたのは、所有権移転外ファイナンス・リースのみでした。今回の改正で、所有権移転ファイナンス・リースやオペレーティング・リースにも対象範囲が拡大されていますから、留意してください（図表58・3）。

❖使用権資産総額に重要性が乏しい場合の簡便法

図表58・1 重要性の基準

$$\frac{\text{未経過リース料の期末残高}}{\text{未経過リース料の期末残高} + \text{有形固定資産および無形固定資産の期末残高}} < 10\%$$

＊短期リースで使用権資産およびリース負債を計上していないもの，少額リースで定額法によって会計処理しているもの，すでに利息法によって会計処理しているものを除く。

図表58・2 容認される会計処理

#	内　　容	具体的な会計処理
1	リース料から利息相当額を控除しない方法	リース料総額を使用権資産およびリース負債として計上し，支払利息は計上しない
2	利息相当額の総額を定額法により配分する方法	支払利息を利息法ではなく定額法で計上する

図表58・3 簡便法の対象範囲

	従　　来	改 正 後
所有権移転FL	×	○
所有権移転外FL	○	○
OL	—	○

＊FL：ファイナンス・リース，OL：オペレーティング・リース

59 使用権資産総額に重要性が乏しいと認められる場合の会計処理

使用権資産総額に重要性の乏しいリースは、簡便的な会計処理をすることが容認されています（適用指針第40項〜42項）。

具体的には、①リース料から利息相当額を控除しない方法、②利息相当額の総額を定額法により配分する方法、のいずれかを適用することができます。それぞれの会計処理方法を解説します。

まず、対象とする不動産賃貸借契約は図表59・1とします。

「①リース料から利息相当額を控除しない方法」は、リース開始日において、リース料総額をリース負債および使用権資産とします。

リース料の支払時に支払リース料をリース負債から減額し、決算では使用権資産を減価償却します。具体的な会計処理は図表59・2です。

次に、「②利息相当額の総額を定額法により配分する方法」は、リース開始日において、リース料総額から利息相当額を控除してリース負債、使用権資産を計上します。これは原則法と同じです。

リース負債は5，446千円（千円未満を四捨五入）です。利息相当額の総額は554千円、3年間の定額法なので年間約185千円（554千円÷3年）の支払利息を計上します。

会計処理は図表59・3です。

ここでは簡便法の2種類の会計処理方法を説明しました。

②利息相当額の総額を定額法により配分する方法は、利息相当額を控除してリース負債と使用権資産を計上するため、原則的な会計処理方法とあまり違いがありません。利用する意味があるのか……筆者にはわかりません。

❖簡便法の会計処理

図表59・1 前提

賃料（年額）	2,000千円（後払い）
契約期間	X1年1月1日からX3年12月31日まで（3年間）
追加借入利子率	5％

図表59・2 リース料から利息相当額を控除しない方法

・契約当初

（借）	使用権資産	6,000千円	（貸）	リース負債	6,000千円

＊リース負債＝2,000千円×3年＝6,000千円

・1～2年後

（借）	リース負債	2,000千円	（貸）	現金預金	2,000千円
（借）	減価償却費	2,000千円	（貸）	減価償却累計額	2,000千円

・3年後（決算日）

（借）	リース負債	2,000千円	（貸）	現金預金	2,000千円
（借）	減価償却費	2,000千円	（貸）	減価償却累計額	2,000千円
（借）	減価償却累計額	6,000千円	（貸）	使用権資産	6,000千円

図表59・3 利息相当額の総額を定額法により配分する方法

・契約当初

（借）	使用権資産	5,446千円	（貸）	リース負債	5,446千円

＊リース負債＝$\frac{2,000\text{千円}}{(1+5\%)}+\frac{2,000\text{千円}}{(1+5\%)^2}+\frac{2,000\text{千円}}{(1+5\%)^3}$＝5,446.4千円

・1～2年後

（借）	リース負債	1,815千円	（貸）	現金預金	2,000千円
	支払利息	185千円			
（借）	減価償却費	1,815千円	（貸）	減価償却累計額	1,815千円

・3年後（決算日）

（借）	リース負債	1,815千円	（貸）	現金預金	2,000千円
	支払利息	185千円			
（借）	減価償却費	1,815千円	（貸）	減価償却累計額	1,815千円
（借）	減価償却累計額	5,446千円	（貸）	使用権資産	5,446千円

＊上記は千円未満を四捨五入して表示しています。

60 使用権資産総額に重要性が乏しいと認められなくなった場合の会計処理

リース期間の途中で、使用権資産総額に重要性が乏しいと認められなくなる場合（当初は重要性がなかったのに、途中から重要性があるようになった場合）があります。

たとえば、今までは未経過リース残高が判定式の10％未満であったのに、新しいリースを開始したら10％以上になった場合です。

この場合、図表60・1のように、①すべてのリースを利息法で処理する方法、②新たなリースのみを利息法で処理する方法があります（適用指針設例17）。

既存のリースまですべてを修正するのは面倒です。普通は②を採用するでしょう。

ここでは、①すべてのリースを利息法で処理する方法における既存リースの修正について説明します。

対象のリース（図表60・2）で、利息相当額の総額を定額法により配分する方法を採用しているものとします（リース料総額6，000千円、リース負債5，446千円）。リース開始日から2年後（X2年12月31日）に、使用権資産総額に重要性が乏しいと認められなくなりました。

まず、使用権資産は定額法で減価償却していますから、修正の必要はありません。

次に、リース負債の返済スケジュールを簡便法、利息法で計算したものが、図表60・3です。X2年末のリース負債残高は利息法で計算すれば1，905千円、簡便法（定額法）で計算すれば1，815千円です。

簡便法から利息法に残高を修正するため、リース負債を90千円増加させるとともに、支払利息を90千円計上します（図表60・4）。

❖簡便法から利息法への修正

図表 60・1 簡便法が認められなくなる場合の対応

	対応策①	対応策②
既存リース	原則法	簡便法
新規リース	利息法	利息法

図表 60・2 リースの内容

賃料（年額）	2,000 千円（後払い）
契約期間	X1 年 1 月 1 日～ X3 年 12 月 31 日（3 年間）
追加借入利子率	5％
備考	X2 年 12 月 31 日に重要性の基準を満たさなくなった

図表 60・3 簡便法と利息法の比較

（単位：千円）

年数	リース負債（簡便法）			リース負債（利息法）		
	期首残高	元本返済額	期末残高	期首残高	元本返済額	期末残高
1	5,446	1,815	3,631	5,446	1,728	3,719
2	3,631	1,815	1,815	3,719	1,814	1,905
3	1,815	1,815	0	1,905	1,905	0

＊表示単位未満を四捨五入して表示。

図表 60・4 必要な会計処理

（借）	支払利息	90 千円	（貸）	リース負債	90 千円

＊リース負債調整額＝1,905 千円－1,815 千円＝90 千円

61 オペレーティング・リースの会計処理に関する経過措置

ここでは適用初年度のオペレーティング・リースの借手の会計処理について説明します（適用指針123項）。重要性の乏しいファイナンス・リースについては、改正前のリース会計基準による会計処理を継続適用することができますが、オペレーティング・リースである不動産賃貸借取引には関係ないので、ここでは説明を省略します。

図表61・1のオペレーティング・リースを締結しており、契約開始から1年経過後に改正後のリース会計基準を適用します。このオペレーティング・リースの使用権資産、リース負債のスケジュールは図表61・2です（計算過程は省略）。

X1年度に実施した会計処理（賃貸借処理）は図表61・3①です。

リース会計基準を適用するために、使用権資産とリース負債を計上します。具体的には、X1年度末の使用権資産3，631千円、リース負債3，719千円を計上するとともに、差額88千円を利益剰余金の修正として処理します（図表61・3②）。

なお、簡便法として使用権資産をリース負債と同額として会計処理する方法も認められています（適用指針123項(2)②）。

簡便法を利用した場合の会計処理は図表61・4です。

リース会計基準の適用初年度には、オペレーティング・リースの借手はどちらかの会計処理でリース負債と使用権資産を計上します。

経理担当者は大変だと思いますが、がんばってください。

❖適用初年度の会計処理方法は２種類

図表 61・1 オペレーティング・リースの契約条件

賃料（年額）	2,000 千円（後払い）
契約期間	X1 年 1 月 1 日から X3 年 12 月 31 日（3 年間）
追加借入利子率	5％

＊改正後のリース会計基準を X2 年 1 月 1 日から適用するものとします。

図表 61・2 使用権資産・リース負債のスケジュール

（単位：千円）

年数	使用権資産			リース負債		
	期首残高	減価償却費	期末残高	期首残高	元本返済額	期末残高
1	5,446	1,815	3,631	5,446	1,728	3,719
2	3,631	1,815	1,815	3,719	1,814	1,905
3	1,815	1,815	0	1,905	1,905	0

図表 61・3 リース負債と使用権資産をそれぞれ計算する方法

①リース会計基準の改正前の処理

（借）	支払リース料	2,000 千円	（貸）	現金預金	2,000 千円

② X2 年 1 月 1 日の会計処理

（借）	使用権資産	3,631 千円	（貸）	リース負債	3,719 千円
	利益剰余金	88 千円			

図表 61・4 使用権資産をリース負債と同額とする方法

・X2 年 1 月 1 日の会計処理

（借）	使用権資産	3,719 千円	（貸）	リース負債	3,719 千円

コラム

不動産賃貸借契約はリース期間の決定が難しそうだ

不動産賃貸借契約は，オペレーティング・リースです。リース会計基準の改正で，借手の会計処理は賃貸借処理から売買処理になりました。

オペレーティング・リースの借手は，リース開始日に，リース負債と使用権資産を計上します。リース負債と使用権資産の金額は（現在価値を無視すると）大雑把に「支払リース料×リース期間」です。つまり，リース期間が長いほどオンバランスするリース負債と使用権資産の金額は大きくなります。

不動産賃貸借契約は，リース会社のリース契約とは異なり，解約不能（ノンキャンセラブル）ではありません。また，契約期間はあるものの，借手は自由に延長できます。貸手は延長を拒絶できません。

つまり，不動産賃貸借契約の借手は，契約をいつでも解約可能，かつ，いつまでも延長可能なのです。つまり，不動産賃貸借契約の借手は解約オプションと延長オプションを有しています。

不動産賃貸借契約はこのような性質を持つため，リース会社のリース契約よりもリース期間の決定が難しいのです。

リース期間は，オンバランスする資産･負債の金額に大きく影響します。もっともらしい事業計画，現実的な使用可能年数を加味して，合理的に確実なリース期間を決定する必要があるでしょう。

リース期間の見積りについては，監査人によって判断が分かれそうです。

第5章

リース会計基準を不動産賃貸借取引に当てはめてみよう

ここまでリース会計基準の考え方や論点について学んできました。本章では実際の不動産賃貸借取引において発生する可能性がある事象（契約変更）などに対応するため，不動産賃貸借取引の事例を使ってリース会計基準での取扱いを解説していきます。
なお，本章にはかなり難易度が高い論点がでてきます。実務では重要な論点なので，ご了承ください。

62 特定された資産に該当しない不動産賃貸借契約

43で説明したとおり、リース会計基準では、賃貸借契約がリースに該当するか否かを「特定された資産」と「使用を支配する権利の移転」で判断します。

ほとんどの不動産賃貸借契約は、特定された資産に該当します。

ここでは、特定された資産に該当しない不動産賃貸借契約について解説します。

空港に図表62・1のような売り場があり、空港運営会社（サプライヤー）がテナント（顧客）に売り場を貸しています。

資産が特定されないのは、サプライヤーが、①使用期間全体を通じて資産を代替する実質上の能力を有し、かつ、②資産の代替により経済的利益を享受する場合です。

サプライヤーに支払われる賃料は、歩合賃料です。なので、サプライヤーはいい売り場には売上の多いテナントに入ってもらいたいと考えます。つまり、サプライヤーはテナントの売り場を変更（資産の代替）すれば歩合賃料を増やすことができる（利益を享受）ため、②を満たします。

顧客に割り当てた区画をサプライヤーがいつでも変更できる場合（図表62・2の#1）は、①を満たします。この場合、賃貸借契約における資産は特定されません（図表62・3の#1）。

サプライヤーが顧客に割り当てた区画を変更できない場合（図表62・2の#2）は、①の要件を満たしません。この場合、賃貸借契約の資産は特定されます（図表62・3の#2）。

❖資産が特定されない不動産賃貸借契約とは？

図表 62・1 空港の売り場

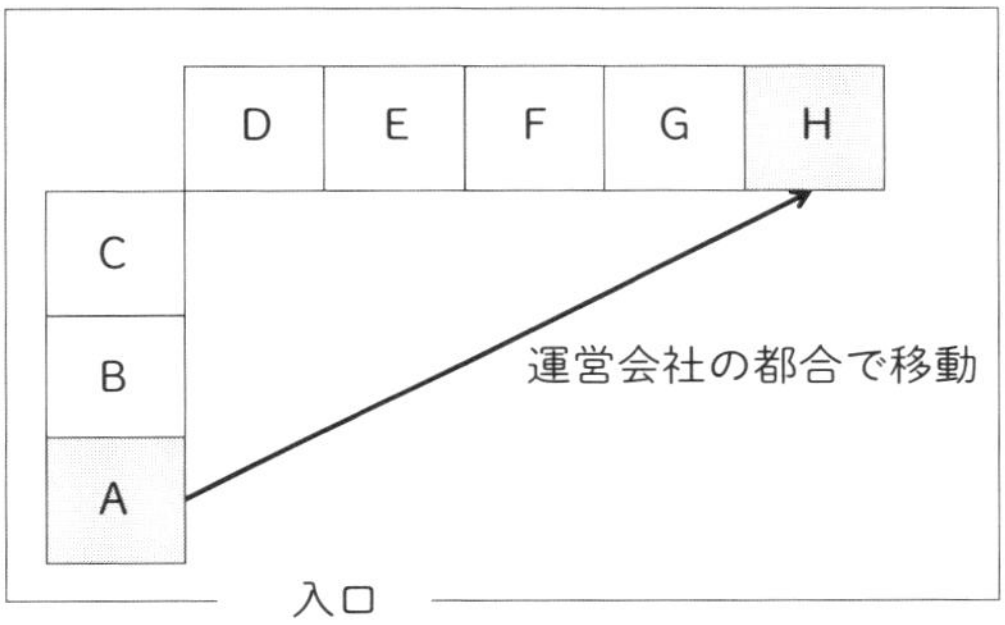

図表 62・2 不動産賃貸借契約の内容

#	前　　提
1	運営会社の裁量でテナントを A から H に移動させることができる
2	運営会社の裁量ではテナントを A から H に移動させることができない （違約金の支払いが発生し，実質的に契約変更できないケース）

図表 62・3 資産の特定の判定

#	資産入替の権利	経済的利益	判定
1	○	○	資産は特定されない
2	×	○	資産は特定される

○：あり　×：なし

63

不動産の耐用年数、契約期間とリース期間

19で説明したように、不動産のファイナンス・リースはかなり特殊な場合に限定されます。

土地には耐用年数がありません（無限大）。建物の耐用年数（図表63・1）は、20～50年と長期なので、経済的耐用年数基準に該当する賃貸借契約は少ないでしょう。

ファイナンス・リースに該当する超長期間の不動産賃貸借契約は、ほとんどありません。

次に、契約期間とリース期間の関係について説明します。21で説明したように、一般的な不動産賃貸借契約は、解約可能（事前通知は必要）であり、契約期間も延長可能です。つまり、51の延長オプションと解約オプションが不動産賃貸借契約には存在します。

つまり、不動産賃貸借契約のリース期間は、耐用年数、契約期間を参考に経済的インセンティブの有無を個別に判定する必要があるのです。

たとえば、ある会社が不動産賃貸借契約における耐用年数50年、契約期間2年からリース期間を4年に決定しました（図表63・2）。

まず、耐用年数50年であるものの、借手が50年間も同じ場所に事業所を構える可能性は低いでしょう。次に、契約期間が2年であるものの、2年間で事務所の造作などを償却するのは現実的ではありません。解約オプションを行使して半年後（0・5年後）に退去できたとしても、現実的ではありません。すると、契約を延長（延長オプションを行使）する可能性が高いと考えます。

借手のリース期間は契約期間2年（または解約可能期間0・5年）から経済的耐用年数50年の間のどこかにあります。

不動産賃貸借契約のリース期間は広い範囲から決定することになるのです。

❖不動産賃貸借契約のリース期間は決めるのが難しい

図表 63・1 代表的な耐用年数

科目	構　　造	用　　途	耐用年数
土地	―	―	なし
建物	鉄骨鉄筋コンクリート造 鉄筋コンクリート造	事務所	50 年
		住宅	47 年
		店舗（飲食以外）	39 年
	木造・合成樹脂造	事務所	24 年
		住宅・店舗（飲食以外）	22 年
建物附属設備		電気設備（蓄電池電源設備以外）	15 年

図表 63・2 耐用年数，契約期間，リース期間の関係

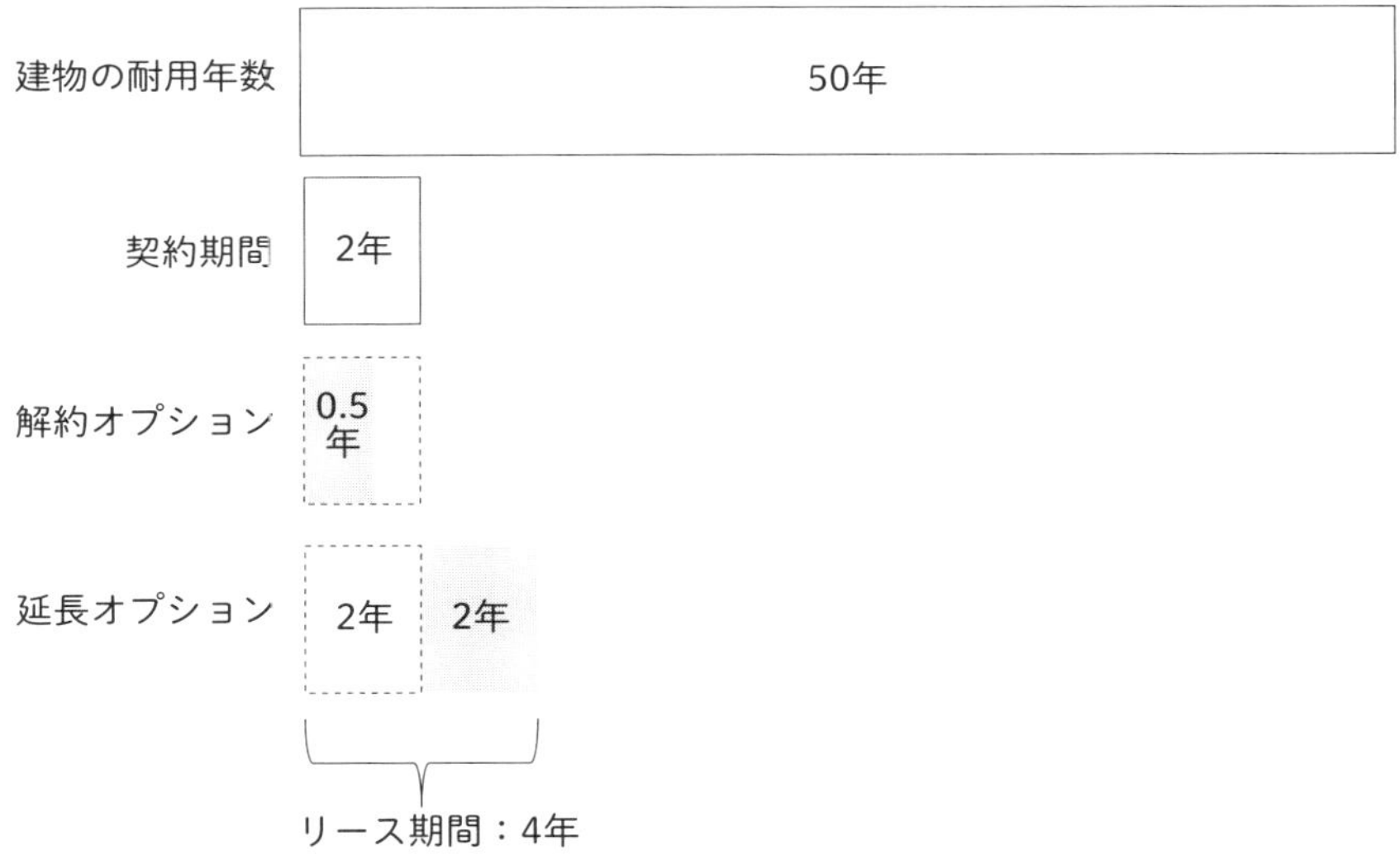

＊借手は賃貸借契約を一度延長して４年間賃借することが合理的に確実と判断し，リース期間を４年としています。

64 リース期間
不動産賃貸借契約と延長オプション

リース会計基準では、借手のリース期間は、解約不能期間に「延長オプション」と「解約オプション」を加味して決定します。

ここで、延長オプションとは不動産賃貸借契約の契約期間を延長する権利のことです。

不動産賃貸借契約は借手に有利です。定期借地権のように契約満了後に自動終了する契約を除き、貸手は借手からの契約更新を拒絶することはできません。つまり、ほとんどの不動産賃貸借契約において、借手は延長オプションを有しています。

ここでは、不動産賃貸借契約における延長オプションについて、具体例を使って説明します。

A社（借手）は、貸手と土地の10年間の土地賃貸借契約（普通借地契約）を締結しました。A社はその土地の上に自社利用建物（事業所）を建設しました。自社利用建物は事業拠点として最適な物件なので、A社は可能な限り使用しようと考えています。

A社は6カ月前の通知によって契約を解除できるものとし、自社利用建物の物理的使用可能期間は20年とします。

A社のリース期間を決定する際には、A社が契約を解約できる最短期間6カ月、賃貸借契約の期間10年、建物の物理的使用可能期間20年を考慮します。

A社（借手）はこの事業所を最適だと考えているので、建物の物理的使用可能期間まで使用するでしょう。

土地の契約期間10年が建物の物理的使用可能期間20年よりも短いため、A社（借手）は延長オプションを行使し、20年間賃借することが合理的に確実であると考えられます。

よって、このケースではリース期間を20年とします。

❖延長オプションをどう考えるか？

・土地の賃貸借契約の契約期間：10 年
・A 社（借手）は 6 カ月前の通知によって契約を解除できる。
・A 社が土地の上に建設した建物の物理的使用可能期間：20 年

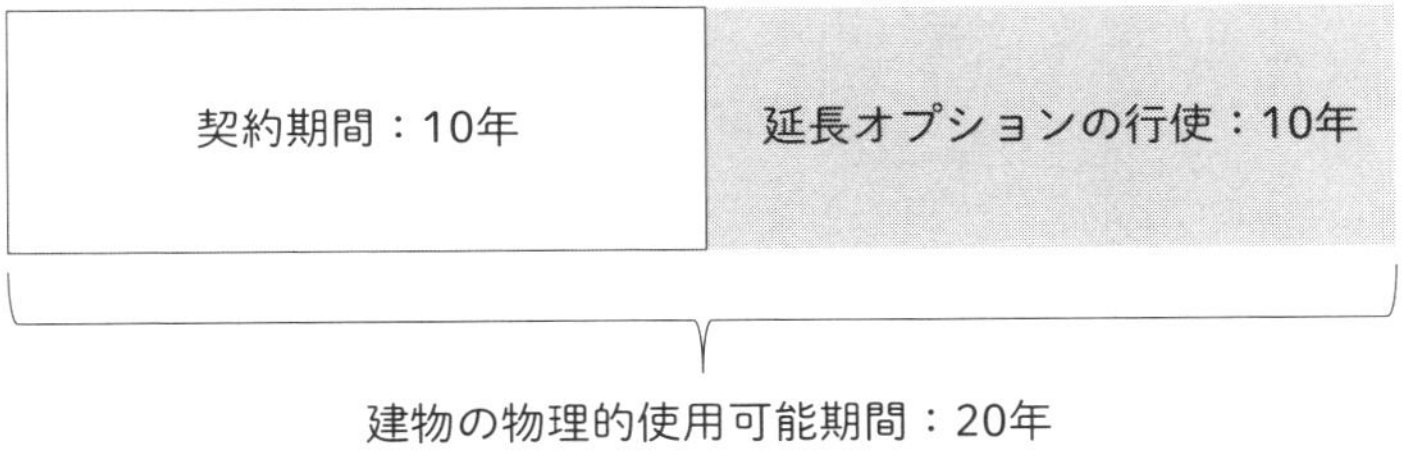
契約期間：10年
延長オプションの行使：10年
建物の物理的使用可能期間：20年

リース期間：20年

A 社は建物が使用できる間は賃貸借契約を延長することが合理的に確実だ。
だから，建物の物理的使用可能期間がリース期間になるんだね。

65

リース期間 不動産賃貸借契約と解約オプション

ここでは不動産賃貸借契約の解約オプションを解説します。

解約オプションとは、賃貸借契約を中途解約する権利のことです。

不動産賃貸借契約には「借主は6カ月前の通知によって契約を解除できる」のような文言が入っています。違約金が発生する場合もあるものの、借手は契約を中途解約する権利を有しています。

解約オプションをどのように加味するかについて、具体例を用いて解説しましょう。

A社（借手）は、貸手と40年間の土地賃貸借契約（普通借地契約）を締結しました。A社はその土地の上に自社利用建物（事業所）を建設しました。自社利用建物は事業拠点として最適な物件なので、A社は可能な限り使用しようと考えています。

A社は6カ月前の通知によって契約を解除できるものとし、自社利用建物の物理的使用可能期間は20年とします。

A社のリース期間を判断する上では、A社が契約を解約できる最短期間6カ月、賃貸借契約の期間40年、建物の物理的使用可能期間20年を考慮します。

A社（借主）はこの事業所を最適だと考えているので、建物の物理的使用可能期間まで使用します。

しかし、契約期間の40年はA社（借主）にとって長すぎます。A社は建物の物理的使用可能期間20年間土地を借りられればよいため、20年を経過した後、解約オプションを行使することが合理的に確実でしょう。

よって、このケースではリース期間を20年とします。

❖解約オプションをどう考えるか？

- 土地の賃貸借契約の契約期間：40 年
- A 社（借主）は 6 カ月前の通知によって契約を解除できる。
- A 社が土地の上に建設した建物の物理的使用可能期間：20 年

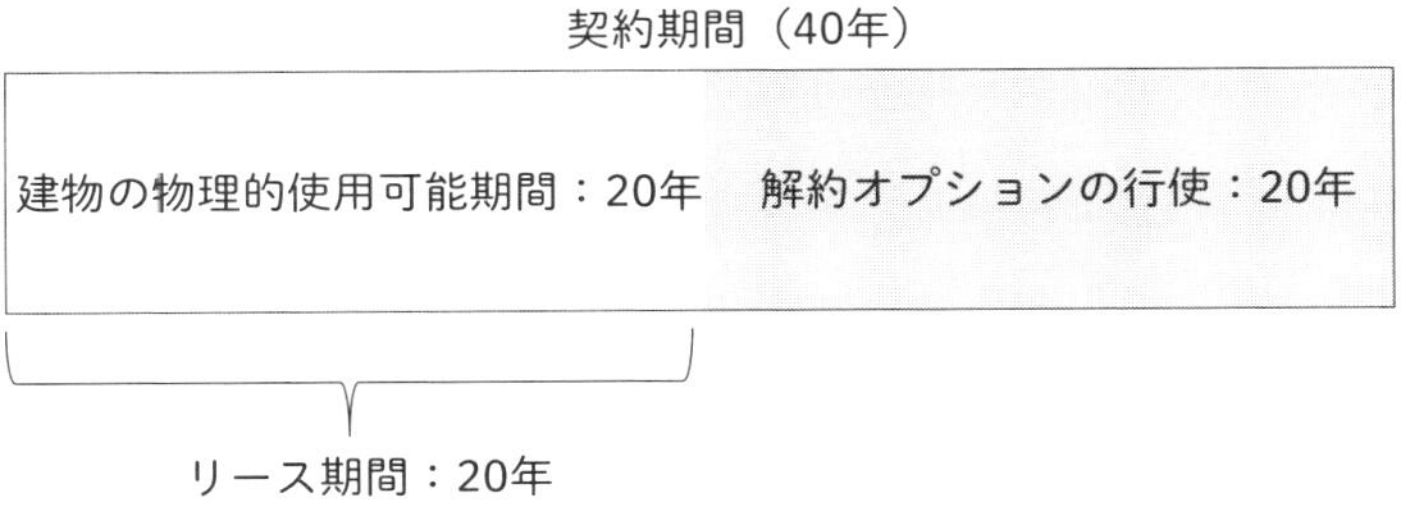
契約期間（40年）
建物の物理的使用可能期間：20年
解約オプションの行使：20年
リース期間：20年

A 社は建物が使用できなくなったら土地を賃借しないよね。
だから，建物の物理的使用可能期間がリース期間になるんだ。

66

契約条件の変更 事務所スペースの追加（独立したリースの場合）

54で説明したように、リース会計基準における契約条件の変更の会計処理は複雑です。ここでは、不動産賃貸借契約の契約条件の変更（独立したリースとして会計処理する場合）について解説します。

元々の賃貸借契約は図表66・1です。借手は、事務所スペースとしてAビルの3階を5年間、年間賃料300万円で賃借していました。契約から2年経過後、借手はAビルの4階を追加で賃借しました（図表66・2）。

この契約条件の変更について、独立したリースに該当するか否かを判定します（図表66・3）。独立したリースに該当する要件は、①契約変更によりリースの範囲が拡大されること、②範囲が拡大した部分に対する独立価格に特定の契約の状況に基づく適切な調整を加えた金額分だけ増額されることです。

まず、A社が賃借する面積は1，000㎡（Aビルの3階）から2，000㎡（Aビルの3階、4階）に増加しているため、①は満たします。

次に、賃料水準は契約当初と変更時の賃料相場は同じであり、オフィスビルの3階と4階では賃料に差はありません。契約変更により追加されたAビルの4階の賃料は市場賃料といえるため、②も満たします。

以上より、この契約変更（事務所スペースの追加）は、独立したリースに該当します。

すなわち、すでに締結しているAビル3階の賃貸借契約については修正せず、新たに契約したAビル4階の賃貸借契約を独立したリースとして会計処理します。

独立したリースの会計処理方法は通常のリースと同じですから、ここでは説明を省略します。

❖独立したリース＝適正賃料による面積の増加

図表 66・1 変更前の契約条件

リース開始日	X1 年 1 月 1 日
面積	1,000 ㎡（A ビルの 3 階）
賃料（年額）	300 万円
契約終了日	X5 年 12 月 31 日

図表 66・2 変更後の契約条件

リース変更日	X3 年 1 月 1 日
面積	2,000 ㎡（A ビルの 3 階，4 階）
賃料（年額）	600 万円
契約終了日	X5 年 12 月 31 日（変更なし）

＊契約当初と変更時の賃料相場は同じとします。

図表 66・3 独立したリースであるかの判定

#	要　件	今回の判定
1	契約変更によりリースの範囲が拡大されること	面積が 1,000 ㎡から 2,000 ㎡に増加している
2	範囲が拡大した部分に対する独立価格に特定の契約の状況に基づく適切な調整を加えた金額分だけ増額されること	追加した A ビルの 4 階の賃料は市場賃料といえる

67 契約条件の変更 事務所スペースの追加（独立したリースではない場合）

66で、独立したリースに該当する契約条件の変更を紹介しました。不動産賃貸借契約で賃貸借面積を追加する際には、既存契約の賃料調整が行われる場合（面積が増えたことで賃料がディスカウントされる場合）があります。この場合は独立したリースとはみなされません。具体例で説明しましょう。

契約条件の変更前の契約を図表67・1とします。

契約から2年経過後、借手と貸手は図表67・2の契約変更を行い、事務所スペースの賃借面積は2倍になりました。ただし、賃料単価は年額3万円／㎡から2・5万／㎡に下がっています。これは、面積の拡大に伴う賃料のディスカウントです。

この場合、独立したリースの要件のうち「範囲が拡大した部分に対する独立価格に特定の契約の状況に基づく適切な調整を加えた金額分だけ増額されること」を満たしません。

よって、この契約条件の変更は独立したリースとは取り扱わず、変更後の条件を反映してリース負債・使用権資産を修正します。

契約変更前の借手の追加借入利子率を5％として使用権資産・リース負債の金額を計算したのが、図表67・3です（計算過程は省略）。

次に、契約変更時の追加借入利子率6％を使用して使用権資産・リース負債を計算したものが図表67・4です。

この契約条件の変更においては、リース負債の金額を2，522千円（10,692千円－8,170千円）増額させる必要があり、**同額の使用権資産を増加**させる会計処理を行います。

❖賃料のディスカウントがあると，独立したリースに該当しない

図表 67・1 変更前の契約条件

リース開始日	X1 年 1 月 1 日
面積	100 ㎡（A ビルの 3 階）
賃料（年額）	3,000 千円（後払い）
契約終了日	X5 年 12 月 31 日
追加借入利子率	5％

図表 67・2 変更後の契約条件

リース変更日	X3 年 1 月 1 日
面積	200 ㎡（A ビルの 3 階，4 階）
賃料（年額）	5,000 千円（後払い）
契約終了日	X5 年 12 月 31 日（変更なし）
追加借入利子率	6％（2 年間で金利が上昇）

図表 67・3 変更前の使用権資産・リース負債

（単位：千円）

年数	使用権資産			リース負債		
	期首残高	減価償却費	期末残高	期首残高	元本返済額	期末残高
1	12,988	2,598	10,391	12,988	2,351	10,638
2	10,391	2,598	7,793	10,638	2,468	8,170
3	7,793	2,598	5,195	8,170	2,592	5,578
4	5,195	2,598	2,598	5,578	2,721	2,857
5	2,598	2,598	0	2,857	2,857	0

図表 67・4 変更後の使用権資産・リース負債

（単位：千円）

年数	使用権資産			リース負債		
	期首残高	減価償却費	期末残高	期首残高	元本返済額	期末残高
1	10,692	3,564	7,128	10,692	3,358	7,334
2	7,128	3,564	3,564	7,334	3,560	3,774
3	3,564	3,564	0	3,774	3,774	0

68 契約条件の変更
契約期間の延長

リース会計基準において、契約条件の変更を独立したリースとして取り扱うのはリースの範囲が拡大される場合のみです。

不動産賃貸借契約におけるリースの範囲が拡大される場合とは、適正賃料によって面積が増加する場合です。つまり、契約期間の延長はリース範囲の拡大には該当しません。

ここでは契約期間の延長の会計処理について、具体例を使って解説します。

まず、条件変更前の契約条件、使用権資産・リース負債の残高は67の図表67・1、図表67・3と同じとします。

契約から2年経過後、借手と貸手は契約条件の変更を行いました（図表68・1）。変更箇所は契約期間が1年間延長されている点です。

変更後の契約条件をもとに変更日（X3年1月1日）時点のリース負債の返済スケジュールを再計算したものが、図表68・2です。ここでは、契約変更日から4年間の賃料支払を追加借入利子率6％で割り引いてリース負債を計算しています（計算過程は省略）。

契約変更前のリース負債の残高8，170千円は、契約変更により10，395千円に増加します。必要な会計処理として、リース負債を2，226千円増加させ、使用権資産についても**リース負債の修正額と同額**を加算します（図表68・3）。

このように、契約期間の延長はリースの範囲が拡大には該当せず、リース負債の金額の修正、見合いの使用権資産を修正します。

❖契約期間の延長はリース範囲の拡大ではない！

図表 68・1 変更後の契約条件

リース変更日	X3 年 1 月 1 日
面積	100 ㎡（A ビルの 3 階）
賃料（年額）	3,000 千円（後払い）
契約終了日	X6 年 12 月 31 日（1 年間延長）
追加借入利子率	6％（2 年間で金利が上昇）

図表 68・2 条件変更後の使用権資産・リース負債

（単位：千円）

年数	使用権資産			リース負債		
	期首残高	減価償却費	期末残高	期首残高	元本返済額	期末残高
1	10,395	2,599	7,796	10,395	2,376	8,019
2	7,796	2,599	5,198	8,019	2,519	5,500
3	5,198	2,599	2,599	5,500	2,670	2,830
4	2,599	2,599	0	2,830	2,830	0

図表 68・3 契約期間延長（その他の契約変更）の会計処理

（借）	使用権資産	2,226 千円	（貸）	リース負債	2,226 千円

＊リース負債の増加額＝10,395 千円－8,170 千円＝2,226 千円（千円未満を四捨五入）
使用権資産の増加額＝リース負債の増加額

69

契約条件の変更
事務所スペースの縮小

リースの契約条件の変更がある場合、リース会計基準では独立したリースとする方法と、リース負債の計上額を見直す方法があります。リース負債の計上額を見直す方法は、リース範囲の縮小、それ以外の契約変更に分けて会計処理します。概要は54を確認してください。

不動産賃貸借契約におけるリース範囲の縮小とは面積の縮小です。ここではリース範囲の縮小の会計処理を説明します。

まず、借手は図表69・1の賃貸借契約を貸手と締結しており、契約開始から2年後に図表69・2の条件に契約を変更しました。

この契約条件の変更は、賃貸借契約の対象をAビルの3階、4階から3階のみに縮小しています。

これは、リース範囲の縮小に該当します。賃料単価は変化していないため、リース範囲の縮小以外の契約変更はありません。

リース範囲の縮小はリースの一部または全部を解約したものとして会計処理します。

借手の追加借入利子率を5%として契約変更前の使用権資産・リース負債の金額を計算したのが図表69・3です（計算過程は省略）。

使用権資産は定額法で減価償却、リース負債は利息法で元本充当しています。

契約変更により2年経過後に面積が50%になるので、リースの50%、すなわち、使用権資産・リース負債の50%を解約したものとして会計処理します。

この場合の会計処理を示したのが図表69・4です。減少する使用権資産とリース負債の差額を損益として計上します。

❖面積の減少はリースの解約とみなす

図表69・1 変更前の契約条件

リース開始日	X1年1月1日
面積	200㎡（Aビルの3階，4階）
賃料（年額）	6,000千円（後払い）
契約終了日	X5年12月31日
追加借入利子率	5％

図表69・2 変更後の契約条件

リース変更日	X3年1月1日
面積	100㎡（Aビルの3階）
賃料（年額）	3,000千円（後払い）
契約終了日	X5年12月31日（変更なし）

＊契約当初と変更時の賃料相場は同じとします。

図表69・3 契約変更前の使用権資産とリース負債

（単位：千円）

年数	使用権資産			リース負債		
	期首残高	減価償却費	期末残高	期首残高	元本返済額	期末残高
1	25,977	5,195	20,781	25,977	4,701	21,276
2	20,781	5,195	15,586	21,276	4,936	16,339
3	15,586	5,195	10,391	16,339	5,183	11,156
4	10,391	5,195	5,195	11,156	5,442	5,714
5	5,195	5,195	0	5,714	5,714	0
	計	25,977		計	25,977	

＊表示単位以下を四捨五入して表示。

図表69・4 リース範囲の縮小の会計処理

（借）	リース負債	8,170千円	（貸）	使用権資産	7,793千円
				利益	377千円

＊リース負債の減少額＝16,339千円×50％＝8,170千円
　使用権資産の減少額＝15,586千円×50％＝7,793千円

70 契約条件の変更

賃料の減額

不動産賃貸借契約における賃料の減額は、リース範囲の縮小には該当しません。リース範囲の縮小は面積の縮小だけです。

賃料の減額は、その他の契約変更としてリース負債と使用権資産を修正します。

まず、変更前の契約条件は図表70・1、契約から2年後の契約変更の内容は図表70・2とします。契約条件の変更箇所は賃料が年間６００万円から年間５００万円に減額されている点です。

契約条件の変更前のリース負債の返済スケジュールは、69の図表69・3と同じです。なので、契約変更日（X3年1月1日）のリース負債の額は１６，３３９千円です。

賃料減額を反映して契約変更日（X3年1月1日）時点のリース負債と使用権資産のスケジュールを作成したのが、図表70・3です。契約変更時から3年間の賃料支払を割引率６％で割り引いて、リース負債を計算しています（計算過程は省略）。再計算した契約変更日のリース負債は１３，３６５千円です。

契約変更によってリース負債は2，９７４千円減額します。使用権資産は**リース負債の修正額と同額を**修正します（図表70・4）。

このように、賃料の減額は、変更後の契約条件で再計算したリース負債と変更前のリース負債の差額を修正します。

❖賃料の減額はリース範囲の縮小ではない！

図表 70・1　変更前の契約条件

リース開始日	X1 年 1 月 1 日
面積	200 ㎡（A ビルの 3 階，4 階）
賃料（年額）	6,000 千円（後払い）
契約終了日	X5 年 12 月 31 日
追加借入利子率	5％

図表 70・2　変更後の契約条件

リース変更日	X3 年 1 月 1 日
面積	200 ㎡（A ビルの 3 階，4 階）
賃料（年額）	5,000 千円（後払い）
契約終了日	X5 年 12 月 31 日（変更なし）
追加借入利子率	6％（2 年間で金利が上昇）

図表 70・3　契約期間短縮後の使用権資産とリース負債

（単位：千円）

年数	使用権資産			リース負債		
	期首残高	減価償却費	期末残高	期首残高	元本返済額	期末残高
1	13,365	4,455	8,910	13,365	4,198	9,167
2	8,910	4,455	4,455	9,167	4,450	4,717
2	4,455	4,455	0	4,717	4,717	0

図表 70・4　その他の契約変更の会計処理

（借）	リース負債	2,974 千円	（貸）	使用権資産	2,974 千円

＊リース負債の減少額＝16,339 千円－13,365 千円＝2,974 千円
　使用権資産の減少額＝リース負債の減少額と同額

71 契約条件の変更

事務所スペースの縮小と単価の増額

契約条件の変更は、リース範囲の拡大、リース範囲の縮小、その他の契約変更に分けて会計処理します。ここでは、そのうちの2つが同時に生じる契約条件の変更について解説します。

変更前の契約条件は69の図表69・1と同じとします。契約から2年経過後に発生した契約条件の変更は図表71・1です。契約の変更箇所は、面積が当初の50％に縮小し、賃料単価が変更前の年額3万円／㎡から年額4万円／㎡に増加している点です。

面積の減少はリース範囲の縮小に該当し、賃料単価の変更はそれ以外の契約変更に該当します。つまり、この契約変更は、①事務所スペースの縮小、②リース単価の増額を分けて会計処理します。

まず、①事務所スペースの縮小はリースの50％を解約したものとして会計処理します（図表71・2）。この会計処理は69と同じです。

次に、②リース単価の増額について、契約変更日の借手の追加借入利子率6％と支払リース料からリース負債の返済スケジュールを再計算したのが、図表71・3です（計算過程は省略）。

計算の結果、リース負債は10，692千円です。すでに、①リース範囲の縮小によってリース負債は8，170千円に減額しています。

このため、②リース単価の増額では、リース負債を8，170千円から10，692千円に増額させる必要があります（図表71・4）。つまり、リース負債を2，522千円増加させるとともに、見合いの使用権資産を同額増加させます。

契約条件の変更においては、変更内容に応じて会計処理を分けて行うケースがあります。

❖リース範囲の縮小＋その他の契約変更の会計処理

図表 71・1 変更後の契約条件

契約変更日	X3 年 1 月 1 日
面積	100 ㎡（A ビルの 3 階）
賃料（年額）	4,000 千円（後払い）
契約終了日	X5 年 12 月 31 日（変更なし）
追加借入利子率	6％（2 年間で金利が上昇）

図表 71・2 リース範囲の縮小の会計処理

（借）リース負債	8,170 千円	（貸）使用権資産	7,793 千円
		利益	377 千円

図表 71・3 契約変更後のリース負債のスケジュール

（単位：千円）

年数	期首元本 A	返済額計 B	利息返済額 C=A×R	元本返済額 D=B−C	期末元本 E=A−D
1	10,692	4,000	642	3,358	7,334
2	7,334	4,000	440	3,560	3,774
3	3,774	4,000	226	3,774	0
	計	12,000	1,308	10,692	

＊ R：追加借入利率（6％）

図表 71・4 その他の契約変更の会計処理

（借）使用権資産	2,522 千円	（貸）リース負債	2,522 千円

＊リース負債の増加額＝変更後のリース負債－リース範囲縮小後のリース債務
＝10,692 千円－8,170 千円＝2,522 千円
使用権資産の増加額＝リース負債の増加額と同額

72 契約条件の変更 契約期間の短縮

契約期間の短縮はリース範囲の縮小には該当しません。契約期間の短縮は、延長（68）と同様に、実務で多く発生すると思いますから、ここで説明します。

変更前の契約条件は、図表72・1、契約から2年後に発生した変更後の契約条件は図表72・2です。契約変更によって契約期間が当初よりも1年間短縮されています。

契約期間の短縮はリース範囲の縮小には該当しないため、リース負債の金額を修正します。

契約条件の変更前のリース負債の返済スケジュールは69の図表69・3と同じです。契約変更日（X3年1月1日）のリース負債の額は16，339千円です。

契約期間の短縮を反映したリース負債と使用権資産のスケジュールは図表72・3です。契約変更時から2年間の賃料を割引率6％で割り引いてリース負債を計算しています（計算過程は省略）。契約変更によってリース負債は11，000千円に減少しました。

契約期間の短縮によって、リース負債を5，339千円減額する必要があります。使用権資産は**リース負債の修正額と同額**を修正します（図表72・4）。

このように、契約期間の短縮はその他の契約変更として、変更後の契約条件で再計算したリース負債と変更前のリース負債の差額を修正します。

❖契約期間の短縮はリース範囲の縮小ではない！

図表72・1 変更前の契約条件

リース開始日	X1年1月1日
面積	200㎡（Aビルの3階，4階）
賃料（年額）	6,000千円（後払い）
契約終了日	X5年12月31日
追加借入利子率	5％

図表72・2 変更後の契約条件

契約変更日	X3年1月1日
面積	200㎡（Aビルの3階，4階）
賃料（年額）	6,000千円（後払い）
契約終了日	X4年12月31日（1年短縮）
追加借入利子率	6％（2年間で金利が上昇）

図表72・3 契約期間短縮後の使用権資産とリース負債

（単位：千円）

年数	使用権資産			リース負債		
	期首残高	減価償却費	期末残高	期首残高	元本返済額	期末残高
1	11,000	5,500	5,500	11,000	5,340	5,660
2	7,334	5,500	0	5,660	5,660	0

図表72・4 その他の契約変更の会計処理

（借）リース負債	5,339千円	（貸）使用権資産	5,339千円

＊リース負債の減少額＝16,339千円－11,000千円
＝5,339千円
使用権資産の減少額＝リース負債の減少額と同額

73 建設協力金の時価評価

建設協力金（建物建設後の差入預託保証金）については57で会計処理の概要を説明しました。建設協力金の支払時において、賃貸借契約の**借手**（建設協力金を支出した者）は返済期日までのキャッシュ・フローを割り引いた現在価値（時価）を長期貸付金として計上します。

ここでは、建設協力金の支出時の会計処理について解説しましょう。

借手が貸手にビル建設資金として拠出した建設協力金（差入預託保証金）の契約条件は図表73・1です。

契約条件を元にして、**借手の**将来発生するキャッシュ・フロー（建設協力金の元本回収額および利息回収額）、キャッシュ・フローの割引現在価値を計算したのが図表73・2です。

返済期日までのキャッシュ・フローの現在価値の合計額、つまり、図表73・2の845百万円が建設協力金（長期貸付金）の計上額となります。

建設協力金の支出時の**借手の**会計処理は図表73・3の通りです。

建設協力金の時価845百万円を長期貸付金として計上し、支出額1，000百万円との差額155百万円を使用権資産として計上します。42で説明した前払リース料や権利金と同じだと考えてください。

このように、借手が支払った建設協力金は時価を長期貸付金とし、支出額との差額は使用権資産とします。

❖建設協力金の支出額－時価は使用権資産

図表73・1 建設協力金の契約条件

建設協力金の額	1,000百万円
建設協力金の返済方法	3年目から年間250百万円（後払い）
建設協力金の利息	当初2年間は無利息，その後は年率2％（後払い）
割引率	5％

図表73・2 建設協力金の時価の計算

（単位：百万円）

年数	期首元本 A	元本回収額 B	利息回収額 C＝A×2%	CF D＝B＋C	DF E	DCF D×E
1	1,000	0	0	0	0.9524	0
2	1,000	0	0	0	0.9070	0
3	1,000	250	20	270	0.8638	233
4	750	250	15	265	0.8227	218
5	500	250	10	260	0.7835	204
6	250	250	5	255	0.7462	190
	計	1,000	50	1,050	計	845

＊ DFは割引率5％を使用した割引現在価値係数です。DCFは現在価値です。なお，表示単位未満を四捨五入して表示しています。

図表73・3 建設協力金の支出時の会計処理

（借）	長期貸付金	845百万円	（貸）	現金預金	1,000百万円
	使用権資産	155百万円			

＊使用権資産の額＝建設協力金の支払額と時価の差額
＝1,000百万円－845百万円
＝155百万円

74 建設協力金の期中・決算処理

建設協力金の支出時の会計処理を73で説明しました。ここでは建設協力金（差入預託保証金）の期中・決算処理について解説します。

なお、建設協力金の契約条件は73の図表73・1と同じ、キャッシュ・フローは同図表73・2と同じとします。

建設協力金について期中・決算処理が必要なのは、①長期貸付金（建設協力金）の受取利息の計上、②使用権資産の減価償却です。

まず、①建設協力金（長期貸付金）の受取利息は建設協力金の契約上の元本1，000百万円・利率2％でなく、長期貸付金の取得価額（時価）845百万円と割引率5％を使用して計算します（図表74・1）。

建設協力金（長期貸付金）の期首残高に割引率を乗じて受取利息を計算し、入金額との差額を残高に加減算します。

入金額がゼロの場合は受取利息を元本に加算するため、図表74・1の1年目と2年目は元本が増加します。

次に、②使用権資産の減価償却は、リース期間における定額法です。使用権資産の当初残高は155百万円なので、リース期間（6年間）で均等額（年間26百万円）を償却します（図表74・2）。

1年目の会計処理を示したのが図表74・3です。1年目は建設協力金の回収額がゼロなので、受取利息と同額の長期貸付金が増加します。

3年目の会計処理は図表74・4です。建設協力金の回収額（元本＋利息）が270百万円、受取利息47百万円と回収額の差額223百万円を長期貸付金の元本回収額とします。

❖建設協力金の会計処理はかなり複雑

図表 74・1 建設協力金の残高，受取利息

（単位：百万円）

年数	期首残高 A	回収額計 B	受取利息 C=A×5%	元本回収額 D=B-C	期末残高 E=A-D
1	845	0	42	−42	887
2	887	0	44	−44	932
3	932	270	47	223	708
4	708	265	35	230	479
5	479	260	24	236	243
6	243	255	12	243	0
	計	1,050	205	845	

＊返済額計（B）は 73 図表 73・2 の CF（D）と一致します。

図表 74・2 使用権資産の残高，減価償却

（単位：百万円）

年数	期首残高 A	減価償却 B	期末残高 A－B
1	155	26	129
2	129	26	103
3	103	26	77
4	77	26	52
5	52	26	26
6	26	26	0
	計	155	

図表 74・3 １年目の会計処理

（借）	長期貸付金	42 百万円	（貸）	受取利息	42 百万円
（借）	減価償却費	26 百万円	（貸）	減価償却累計額	26 百万円

図表 74・4 ３年目の会計処理

（借）	現金預金	270 百万円	（貸）	受取利息	47 百万円
				長期貸付金	223 百万円
（借）	減価償却費	26 百万円	（貸）	減価償却累計額	26 百万円

コラム

リース負債の見直しが頻発しそうだ

不動産賃貸借契約の借手は，契約をいつでも解約可能（事前通知は必要），延長可能です。つまり，借手は業績，経済環境の変化に応じてリース期間を短くしたり長くしたりすることができます。

近年はインフレでほぼすべての価格が上昇しています。日本の賃料相場の上昇は諸外国ほど高いものではありません。それでも，日本の賃料相場は着実に上がっています。

事業計画において，契約開始日から２年後にオフィスを移転する予定だとしても，賃料相場が大幅に上昇していれば移転を見送るでしょう。逆に，賃借している不動産の賃料が周辺賃料よりも高くなれば，既存の賃貸借契約を解約して他の物件に転居するでしょう。

このように，不動産賃貸借契約の借主はリース期間をフレキシブルに変更することができるのです。リース期間の変更はリース会計基準においてリース負債の修正に該当します。

つまり，不動産賃貸借契約は借手の意向（事業計画の変更）でリース期間が長くなったり短くなったりするため，リース負債の見直しが頻繁に発生するのです。

気まぐれな経営者の下で働く経理担当者は大変だと思います。がんばってください。

第6章

複合型のリース取引

ここまで，リース会計基準の会計処理について不動産賃貸借取引に関連する部分を一通り説明してきました。しかし，不動産賃貸借取引にはサブリースや転リースなど複数のリースが組み合わさった取引もあります。
ここでは,サブリース,転リース,セール・アンド・リースバックといった複合型のリースについて解説します。

75 サブリースの会計処理の考え方

リース会計基準において、リースの借手と貸手の会計処理方法は異なります。サブリースの中間的な貸手は、リースの借手と貸手の両方の当事者となる取引です。

不動産賃貸借契約は、基本的にオペレーティング・リースですから、サブリースは図表75・1の2本のオペレーティング・リースが組み合わさったものです。

※サブリースのファイナンス・リースの判定はヘッドリースのリース料・リース期間を使用するため、通常のリースとは判定方法が異なります。

一連のリースの関係者と会計処理を列挙したのが図表75・2です。

まず、建物のオーナー（A社）はオペレーティング・リースにおける貸手なので、会計処理は賃貸借処理です。保有する不動産はオンバランスのままです。

次に、B社（サブリースの中間的な貸手）はヘッドリース（オペレーティング・リース1）の借手なので会計処理は売買処理です。サブリース（オペレーティング・リース2）では貸手なので、会計処理は賃貸借処理です。2本のリースを合わせると、B社はオンバランスです。

最後に、C社はサブリース（オペレーティング・リース2）の借手なので会計処理は売買処理です。

つまり、サブリースに関連する一連のリースの関係者、すなわちA社（ヘッドリースの貸手）、B社（ヘッドリースの借手、サブリースの貸手）、C社（サブリースの借手）のすべてにおいて資産・負債がオフバランスされるのです。

❖サブリースのすべての当事者は資産・負債をオンバランスする

図表75・1 不動産賃貸借契約におけるサブリース

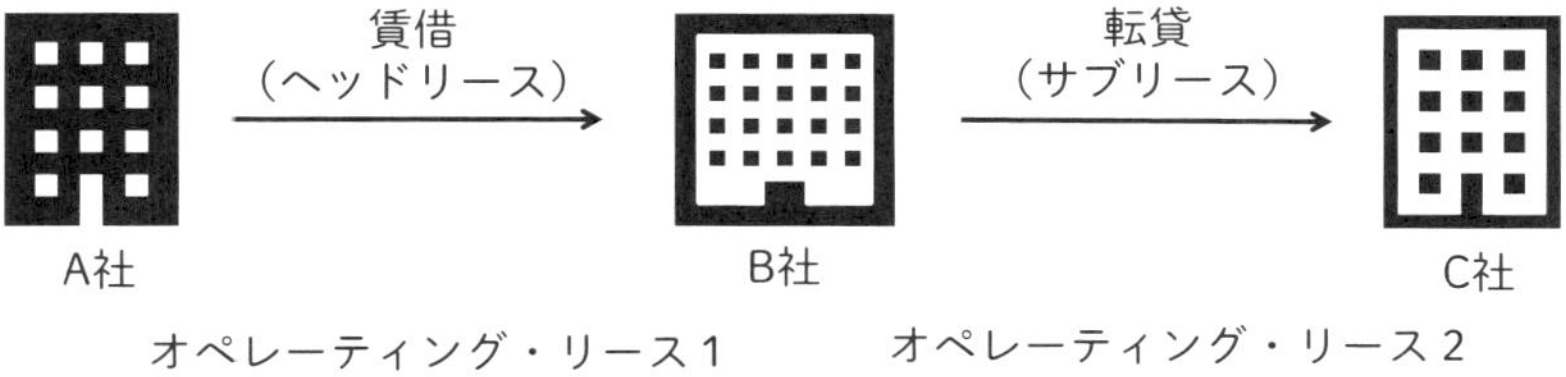

図表75・2 リースの関係者と会計処理

契約		A社	B社	入居者C
OL 1	契約上の地位	貸手	借手	—
	会計処理	賃貸借処理	売買処理	—
OL 2	契約上の地位	—	貸手	借手
	会計処理	—	賃貸借処理	売買処理
	資産・負債	オンバランス	オンバランス	オンバランス

＊ OL：オペレーティング・リース

76

サブリースの中間的な貸手がヘッドリースに対してリスクを負わない場合の会計処理

サブリースに関連する一連のリースの関係者は、基本的にオンバランスで会計処理します。ただし、ある条件を満たす場合、サブリースの中間的な貸手は、賃貸借処理（オフバランス）することができます。ここで、サブリースの中間的な貸手とは図表76・1のB社を指します。

中間的な貸手は、以下のすべての要件を満たせば、貸手としての受取リース料と借手としての支払リース料の差額を損益に計上することができます（適用指針第88項）。つまり、ヘッドリース部分について売買処理ではなく、賃貸借処理を採用することが認められます。

(1) 中間的な貸手は、サブリースの借手からリース料の支払を受けない限り、ヘッドリースの貸手に対してリース料を支払う義務を負わない（図表76・2）。

(2) 中間的な貸手のヘッドリースにおける支払額は、サブリースにおいて受け取る金額にあらかじめ定められた料率を乗じた金額である（図表76・3）。

(3) 中間的な貸手は、次のいずれを決定する権利も有さない。

① サブリースの契約条件（サブリースにおける借手の決定を含む）

② サブリースの借手が存在しない期間における原資産の使用方法

この3つの要件を満たす場合、賃貸借契約の実質的な当事者は、ヘッドリースの貸手（A社）とサブリースの借手（C社）です。中間的な貸手（B社）はA社から委託された賃貸管理会社と言えるでしょう。このような場合、中間的な貸手（B社）はヘッドリースに対するリスクがないものとして賃貸借処理が認められます。

❖オフバランスできるサブリースとは？

図表 76・1 サブリースの中間的な貸手

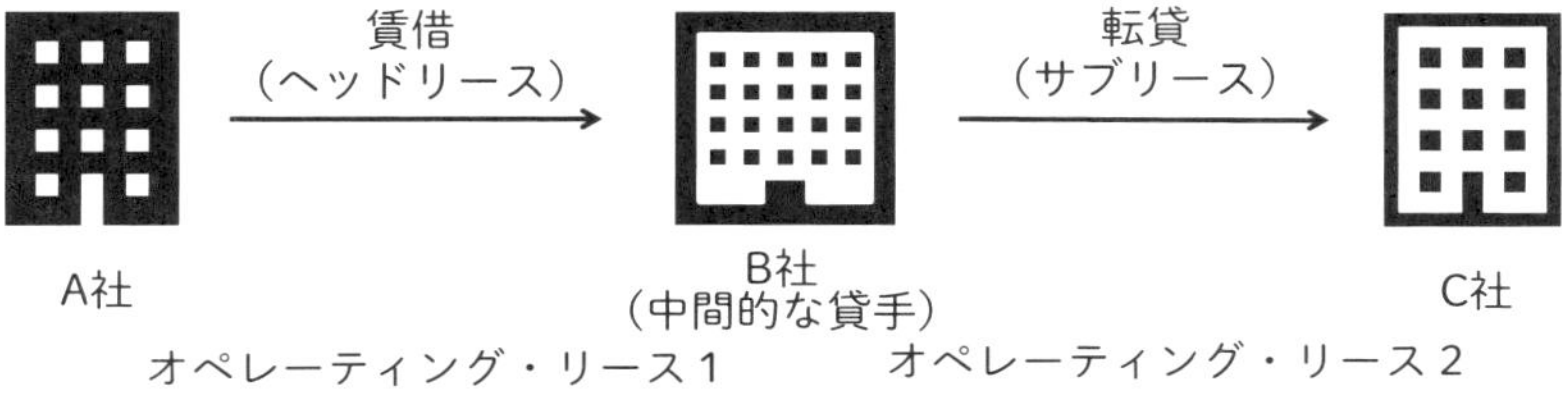

図表 76・2 賃料支払リスクがない

図表 76・3 賃料の差額が一定率

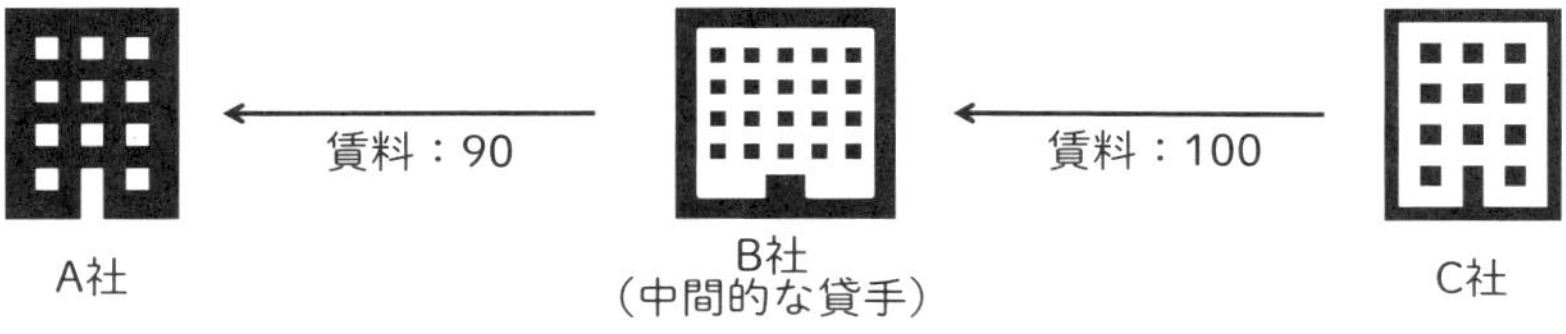

＊ B 社の手数料は賃料の 10%

77 ファイナンス・リースに該当するサブリースとは？

サブリースのファイナンス・リースの判定方法は、通常のリースの判定方法とは異なります。中間的な貸手のサブリースがファイナンス・リースか否かを判定する場合、ヘッドリースのリース料とリース期間を使用します（適用指針91項）。

具体的な判定基準は図表77・1です。「解約不能」の要件はありません。

なお、現在価値基準において、「独立第三者間取引における使用権資産のリース料」というわかりにくい表現が使われています。これは、ヘッドリースの使用権資産の時価のことです。

適用指針90項において、サブリースがヘッドリースのリース期間の残存期間にわたって行われると仮定した場合のリース料（現金一括払いを想定）とされていることから、ヘッドリースの使用権資産の時価と同じ額を指しています。

判定式を簡略化して示したのが図表77・2です。

たとえば、ヘッドリースの契約期間5年、サブリースの契約期間4年であればファイナンス・リースに該当します。

サブリースの判定基準は通常のリースの基準よりも分母が小さいため、ファイナンス・リースに該当するものが多くなるでしょう。

なお、ヘッドリースが短期リースまたは少額リースに該当し、簡便的な取扱いに基づき使用権資産およびリース負債を計上していない場合のサブリースは、オペレーティング・リースに分類します（適用指針91項）。

このように、サブリースのファイナンス・リースの判定は通常のリースとは違うことを覚えておいてください。

❖サブリースのファイナンス・リースの判定基準は通常のリースと違う！

図表77・1 サブリースのファイナンス・リースの判定基準

判定基準	内　容
現在価値基準	サブリースにおける貸手のリース料の現在価値が，独立第三者間取引における使用権資産のリース料の概ね90％以上であること
経済的耐用年数基準	サブリースにおける貸手のリース期間が，ヘッドリースにおける借手のリース期間の残存期間の概ね75％以上であること

＊サブリースの判定には「解約不能」の要件はありません。

図表77・2 簡略化した判定式

$$\text{現在価値基準：}\frac{\text{リース投資資産の時価（サブリースの貸手としてのリース料の現在価値）}}{\text{使用権資産の時価（ヘッドリースの借手としてのリース料の現在価値）}} \geqq 90\%$$

$$\text{経済的耐用年数基準：}\frac{\text{サブリースのリース期間}}{\text{ヘッドリースのリース期間の残存期間}} \geqq 75\%$$

分母が不動産の時価や耐用年数ではないから，ファイナンス・リースに該当する可能性が高くなるよ。

78

オペレーティング・リースに該当するサブリースの会計処理

ここでは、サブリースがオペレーティング・リースに該当する場合の**サブリースの中間的な貸手**の会計処理について、事例を使って解説します。ヘッドリースの貸手、サブリースの借手は通常のリースとして会計処理すればよいため、説明を割愛します。

ヘッドリースの開始から1年後にサブリースを契約し、ヘッドリースの契約条件は図表78・1、サブリースの契約条件は図表78・2とします。ヘッドリースの借手のリース負債の返済スケジュールは図表78・3の通りです（計算過程は省略します）。

サブリースの中間的な貸手の一連の会計処理は図表78・4です。

ヘッドリースの借手の会計処理方法は、売買処理です。リース開始日にリース負債と使用権資産を2，723万円計上し、1年目は支払リース料を利息法で支払利息とリース負債に充当します。使用権資産はリース期間（3年間）の定額法で減価償却します。

サブリースはオペレーティング・リースなので、貸手の会計処理方法は賃貸借処理です。リース開始日の会計処理はありません。

2年目はヘッドリースの借手としての会計処理（リース負債の利息法による充当、使用権資産の償却）に加えて、サブリースの貸手として受取リース料を収益計上します。

このように、オペレーティング・リースに該当するサブリースの中間的な貸手の会計処理は、ヘッドリースの借手としての売買処理、サブリースの貸手としての賃貸借処理が結合された会計処理となります。

❖オペレーティング・リースのサブリースは売買処理+賃貸借処理

図表78・1 ヘッドリースの内容

賃料（年額）	1,000万円（後払い）
賃貸借期間	X1年1月1日からX2年12月31日まで（3年間）
追加借入利子率	5％

図表78・2 サブリースの内容

賃料（年額）	1,500万円（後払い）
賃貸借期間	X2年1月1日からX2年12月31日まで（1年間）
追加借入利子率	5％

図表78・3 ヘッドリースの借手のリース負債

年数	期首元本 A	返済額計 B	利息返済額 C＝A×5％	元本返済額 D＝B－C	期末元本 E＝A－D
1	2,723	1,000	136	864	1,859
2	1,859	1,000	93	907	952
3	952	1,000	48	952	0

図表78・4 サブリースの中間的な貸手の会計処理

・ヘッドリースの開始日

（借）	使用権資産	2,723万円	（貸）	リース負債	2,723万円

・1年目の会計処理

（借）	リース負債	864万円	（貸）	現金預金	1,000万円
	支払利息	136万円			
（借）	減価償却費	908万円	（貸）	減価償却累計額	908万円

・サブリースの開始日

仕訳なし

・2年目の会計処理

（借）	リース負債	907万円	（貸）	現金預金	1,000万円
	支払利息	93万円			
（借）	減価償却費	908万円	（貸）	減価償却累計額	908万円
（借）	現金預金	1,500万円	（貸）	受取リース料	1,500万円

79 ファイナンス・リースに該当するサブリースの会計処理

ここでは、サブリースがファイナンス・リースに該当する場合の**サブリースの中間的な貸手**の会計処理について、事例を使って解説します。なお、サブリースは所有権移転外ファイナンス・リースとします。

ヘッドリースとサブリースの条件は、賃貸借期間終了日をX5年12月31日とする以外は、78の図表78・1、図表78・2と同じとします。

ヘッドリースの借手としてリース負債の返済スケジュールを計算したものが図表79・1です（計算過程は省略（以下、同様））。

次に、サブリースの貸手としてリース投資資産の回収スケジュールを計算したものが図表79・2です。

サブリースの中間的な貸手の一連の会計処理は、図表79・3です。

ヘッドリースの借手としての会計処理は、当初のリース負債と使用権資産4，329万円を計上した後の1年目は、支払リース料を利息法で支払利息とリース負債に充当します。使用権資産はリース期間（5年間）の定額法で減価償却します。

サブリースはファイナンス・リースです。貸手の会計処理方法は売買処理ですから、リース開始日に使用権資産の消滅、受取リース料の現在価値をリース投資資産とし、差額を損益として計上します（総額での計上も可）。なお、サブリースの場合は通常リースのようにリース投資資産の計上額を原資産の現金購入額とはしません。

2年目以降は、ヘッドリースの支払リース料を利息法で支払利息とリース負債に充当し、サブリースの受取リース料を利息法でリース投資資産と受取利息に充当します。

❖ファイナンス・リースのサブリースは売買処理＋売買処理

図表79・1 ヘッドリースのリース負債の返済スケジュール

年数	期首元本 A	返済額計 B	利息返済額 C＝A×5％	元本返済額 D＝B－C	期末元本 E＝A－D
1	4,329	1,000	216	784	3,546
2	3,546	1,000	177	823	2,723
3	2,723	1,000	136	864	1,859
4	1,859	1,000	93	907	952
5	952	1,000	48	952	0

図表79・2 サブリースのリース投資資産の回収スケジュール

年数	期首元本 A	回収額計 B	利息返済額 C＝A×5％	元本返済額 D＝B－C	期末元本 E＝A－D
2	5,319	1,500	266	1,234	4,085
3	4,085	1,500	204	1,296	2,789
4	2,789	1,500	139	1,361	1,429
5	1,429	1,500	71	1,429	0

図表79・3 サブリースの中間的な貸手の会計処理

・ヘッドリースの開始日

（借）	使用権資産	4,329万円	（貸）	リース負債	4,329万円

・1年目の会計処理

（借）	リース負債	784万円	（貸）	現金預金	1,000万円
	支払利息	216万円			
（借）	減価償却費	866万円	（貸）	減価償却累計額	866万円

・サブリースの開始日

（借）	リース投資資産	5,319万円	（貸）	使用権資産	4,329万円
	減価償却累計額	866万円		利益	1,855万円

・2年目の会計処理

（借）	リース負債	823万円	（貸）	現金預金	1,000万円
	支払利息	177万円			
（借）	現金預金	1,500万円	（貸）	リース投資資産	1,234万円
				受取利息	266万円

80 リース会計基準における転リース取引とは

不動産関係者であれば「転リース取引」を知っているでしょう。しかし、不動産業界の転リース取引とリース会計基準の転リース取引は少し違います。混乱する人がいると思うので、ここで説明しましょう。

リース会計基準における「転リース取引」とは、サブリース取引のうちヘッドリースと概ね同一の条件で第三者に行うサブリースです。つまり、転リース取引はサブリース取引の一部であり、ヘッドリースとサブリースの契約条件がほぼ同じ場合です。

リース会計基準の転リース取引は多くありません。転リース取引は又貸しなので、ヘッドリースの貸手（所有者）の許可が必要だからです。

実際には、どんな転リース取引があるのでしょうか？

まず、親子会社間での機械設備・システムの転リース取引です。グループで同じ機械設備・システムを利用する場合、親会社が一括して賃借して子会社にサブ（転）リースします。

不動産賃貸借取引においても、親会社が一括借上げして子会社に貸出すケースがあるでしょう（図表80・1）。貸手からすれば、借手は親会社の方がよいため断る理由はありません。

もう1つはセール・アンド・リースバック取引です。原所有者がオフィスとして使用していた不動産を売却してリースバックをしたものの、オフィスを移転するために第三者に転貸するケースです（図表80・2）。さらに、ファイナンス・リースの貸手が不動産を売却し、セール・アンド・リースバックするケースもあるでしょう。

❖不動産業界の転リースとリース会計基準の転リースは違う！

図表 80・1 親子会社間の取引

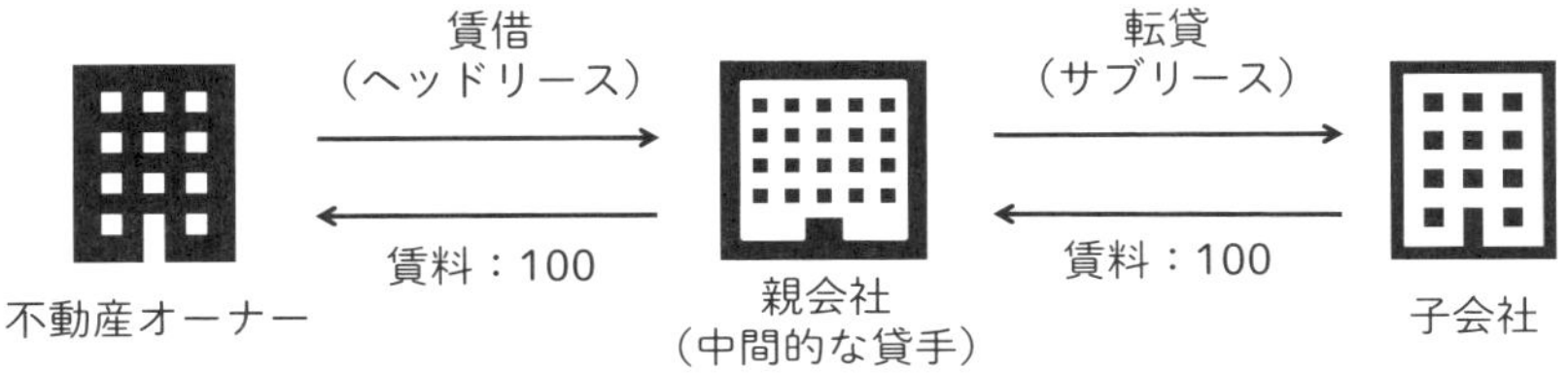

図表 80・2 セール・アンド・リースバック取引

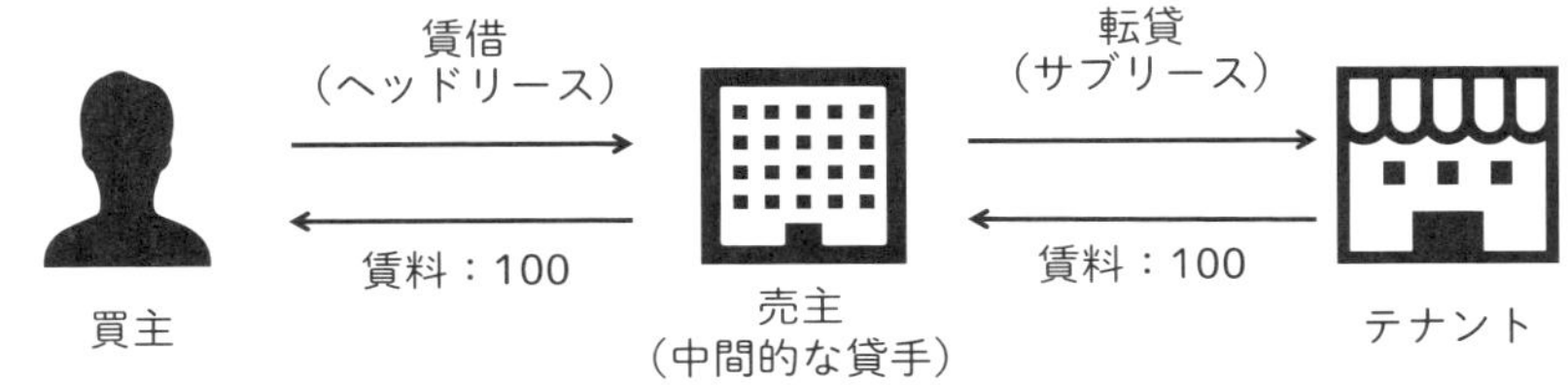

81 転リース取引の会計処理

転リースは、ヘッドリースと概ね同一の条件で第三者にサブリース（ファイナンス・リース）する取引です。

79で説明した会計処理を採用することもできますが、ヘッドリースとサブリースの契約条件が概ね同一なので、より簡便的な会計処理が認められます。

ここでは、**転リース（サブリース）の中間的な貸手会計処理**について説明します。

転リースは、ヘッドリースとサブリースの契約条件が概ね同一です。なので、ヘッドリースのリース負債・使用権資産とサブリースのリース投資資産（またはリース債権）は同額とみなし、リース投資資産とリース負債のみを計上できます。サブリースの会計処理と転リースの会計処理を比較したものが図表81・1です。

サブリースは使用権資産とリース投資資産の差額を損益として計上しますが、転リースは使用権資産とリース投資資産はヘッドリースのリース負債と同額とみなします。

次に、計上したリース投資資産（またはリース債権）とリース負債は、利息法によって回収額・支払額を配分します。リース料をヘッドリース1，000、サブリース1，005、リース負債の返済スケジュールが図表81・2の場合、サブリースの中間的な貸手の会計処理は図表81・3です。支払利息・受取利息は同額なので相殺され、リース料の差額を転リース差益とします（適用指針第93項⑵）。

さらに、転リースは利息相当額控除前の金額で計上することができます（図表81・4）。この会計処理は使用権資産総額に重要性が乏しい場合59と同じです。

❖転リースは簡便的な会計処理を採用できる

図表81・1 一般的な会計処理と転リースの会計処理

ヘッドリースのリース負債・使用権資産：100
サブリースのリース投資資産：110

・リース開始日の一般的な会計処理

(借)	使用権資産	100	(貸)	リース負債	100
(借)	リース投資資産	110	(貸)	使用権資産	100
				利益	10

・リース開始日の転リースの会計処理

(借)	リース投資資産	100	(貸)	リース負債	100

図表81・2 リース負債の返済スケジュール

年数	期首元本 A	返済額計 B	利息返済額 C＝A×R	元本返済額 D＝B－C	期末元本 E＝A－D
1	2,723	1,000	136	864	1,859
2	1,859	1,000	93	907	952
3	952	1,000	48	952	0

＊ R：利子率

図表81・3 利息法による会計処理

・リース開始日の会計処理

(借)	リース投資資産	2,723	(貸)	リース負債	2,723

・決済日（1年目）の会計処理

(借)	リース負債	864	(貸)	リース投資資産	864
(借)	現金預金	5	(貸)	転リース差益	5

図表81・4 簡便法による会計処理

・リース開始日の会計処理

(借)	リース投資資産	3,000	(貸)	リース負債	3,000

・決済日の会計処理

(借)	リース負債	1,000	(貸)	リース投資資産	1,000
	現金預金	5		転リース差益	5

82 セール・アンド・リースバック取引

セール・アンド・リースバック取引とは、売手である借手が資産を買手である貸手に譲渡し、リースバックする取引です。図表82・1のB社が売手である借手、A社が買手である貸手です。

リース会計基準では、セール・アンド・リースバック取引における不動産（資産）の譲渡が売却に該当しない場合、売却に該当する場合について会計処理を定めています。それぞれの会計処理方法は、図表82・2に記載した通りです。

資産の譲渡が売却に該当しない場合は、金融取引、すなわち資産（不動産）を担保とした借入取引として会計処理します。

資産の譲渡が売却に該当する場合は、売却損益を認識したうえで、リースバックをリース会計基準に従って会計処理します。

なお、IFRS第16号では売却に該当してもリースバックすれば売却損益を認識しません。リース会計基準の損益認識はIFRS第16号とは異なるため、注意してください。

リース会計基準では、資産の譲渡が売却に該当しない場合として図表82・3の2つを規定しています。要件の1つはフルペイアウトだけですから、17のファイナンス・リースの要件（解約不能・フルペイアウト）よりも範囲が広いです。

なお、リースバックのフルペイアウトはファイナンス・リースを判定する際の現在価値基準、経済的耐用年数基準を使用することができます（適用指針BC94）。

❖リース会計基準の売却の要件はフルペイアウト

図表82・1 セール・アンド・リースバック取引

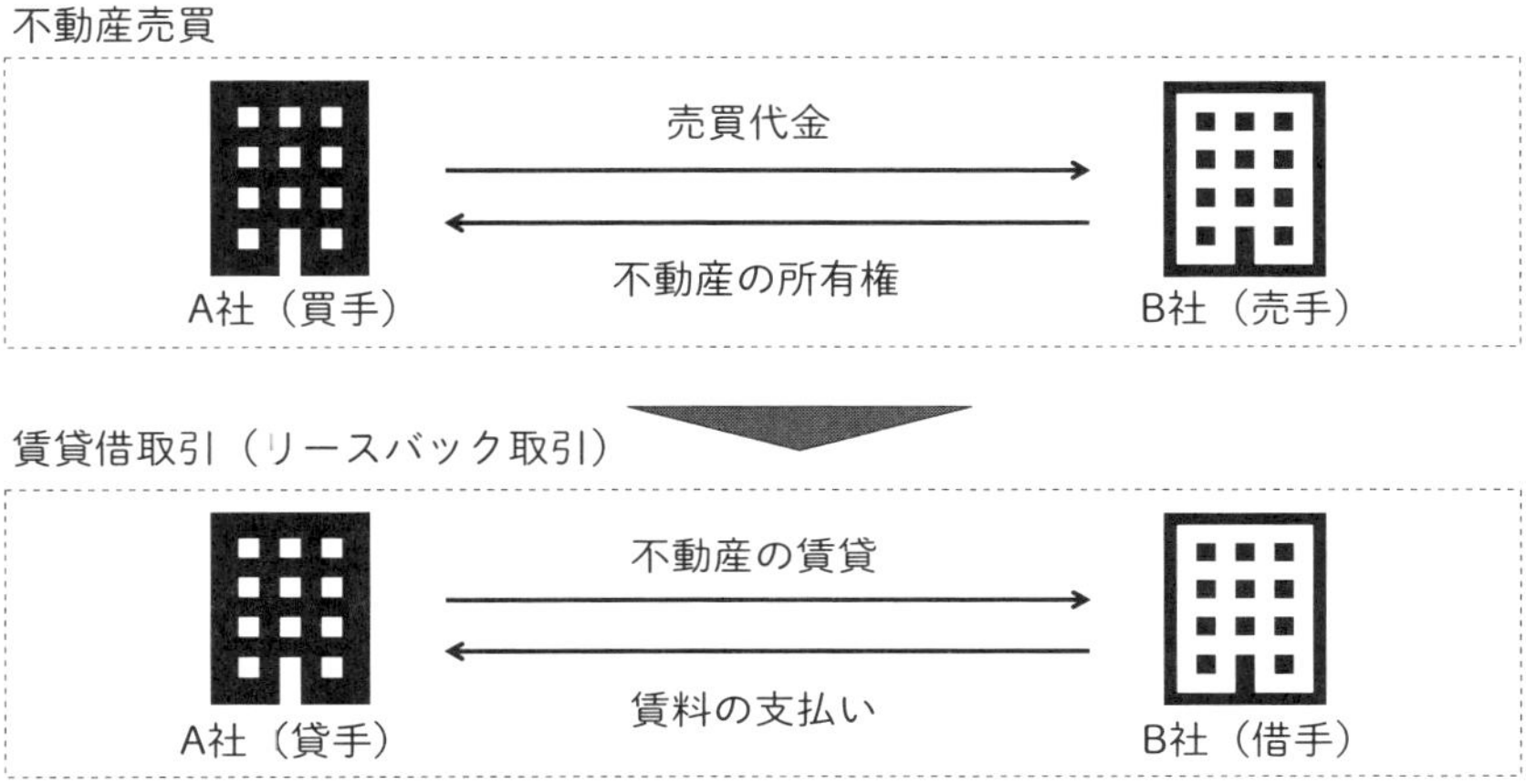

図表82・2 セール・アンド・リースバック取引の会計処理

#	ケース	会計処理方法
1	資産の譲渡が売却に該当しない場合	金融取引（資産を担保とした借入）として会計処理する
2	資産の譲渡が売却に該当する場合	譲渡の損益を認識し，リースバックをリース会計基準に従って会計処理する

図表82・3 資産の譲渡が売却に該当しない場合

#	内容
1	収益認識会計基準などの会計基準等によって売却に該当しないと判断される場合
2	リースバックの借手が資産からもたらされる経済的利益のほとんどすべてを享受することができ，かつ，資産の使用に伴って生じるコストのほとんどすべてを負担する場合（フルペイアウト）

コラム

しばらくの間，セール・アンド・リースバック取引は避けたほうがいいかもしれない

リース会計基準の改正によって，セール・アンド・リースバック取引の会計処理が変更されました。

改正されたリース会計基準はIFRS第16号とも異なるもので，資産の譲渡が売却に該当する場合，売却損益を認識することができます。つまり，セール・アンド・リースバック取引を利用すれば含み益のある不動産の益出しができるのです。

ただし，セール・アンド・リースバック取引を金融取引として扱う場合（資産の譲渡が売却に該当しない場合）の要件はフルペイアウトのみです。

ファイナンス・リースの要件，つまり，解約不能とフルペイアウトの両方を満たす場合ではありません。セール・アンド・リースバック取引が売却に該当する場合の要件がファイナンス・リースと同じであればコールオプションを付ければ益出しできたのかもしれません。しかし，解約不能の要件は除外されました。

セール・アンド・リースバック取引のフルペイアウトの数値基準はファイナンス・リースのフルペイアウトの要件（現在価値基準と経済的耐用年数基準）と同じです。

ただし，譲渡対価やリース料の適正性が求められるなどの不確定要素が多いので，実務的な対応が固まるまでセール・アンド・リースバック取引は避けたほうがいいかもしれません。

第7章

知っておくべき不動産の会計・税務の知識

ここまでリース会計基準について解説してきました。
不動産関係者であればリース会計基準以外の不動産の会計・税務処理も知っておくべきでしょう。さらに，リース会計基準の改正は不動産の会計基準にも影響を与えます。
ここでは，リース会計基準以外の不動産の会計基準・税務について解説します。

83 不動産に関係する会計基準

リース会計基準以外にも不動産に関係する会計基準はあります。ここでは、それらの会計基準の概要を説明します。

まず、不動産関連の会計基準として代表的なものは、「固定資産の減損に係る会計基準」（以下、「**減損会計基準**」）、「賃貸等不動産の時価等の開示に関する会計基準」（以下、「**賃貸等不動産会計基準**」）、「資産除去債務に関する会計基準」（以下、「**資産除去債務会計基準**」）の3つです。

減損会計基準は、貸借対照表に計上している固定資産の減価の有無を判断し、適正な帳簿価額に修正するための会計基準です。賃貸等不動産会計基準は賃貸等不動産の時価の開示を要請する会計基準です。資産除去債務会計基準は、賃貸借契約に基づく企業の撤退コストを反映するための会計基準です。

減損会計基準、賃貸等不動産会計基準、資産除去債務会計基準を比較したのが図表83・1の通りです。

「減損会計基準」と「資産除去債務会計基準」を比較すると、不動産価値の下落は「減損会計基準」の対象となり、将来発生するコストは「資産除去債務会計基準」の対象となります。

また、「賃貸等不動産会計基準」と「資産除去債務会計基準」を比較すると、賃貸等不動産は主に貸している不動産を対象とし、資産除去債務会計基準は主に借りている不動産を対象とします。

さらに、リースもこれらの会計基準が適用されます。具体的には図表83・2の場合です。つまり、リース会計基準は他の不動産関連の会計基準と密接な関係にあるのです。

❖リースに関係のある不動産関連会計基準

図表83・1 減損会計，賃貸等不動産，資産除去債務の比較

会計基準	減損会計	賃貸等不動産	資産除去債務
主な対象	所有している不動産	貸している不動産	借りている不動産
開示対象	所有不動産の価値の下落	賃貸不動産の時価	原状回復費用
開示方法	P/Lに損失を計上し，B/Sを時価に修正する	注記のみ	B/Sに資産・負債計上
P/Lインパクト	あり （時価と簿価の差額を損失として計上）	なし	あり （契約期間に応じて費用計上）

図表83・2 リースに他の会計基準が適用される場合

会計基準	該当する場合
減損会計	売買処理により使用権資産を計上する場合
賃貸等不動産	リースにより賃借した不動産を賃貸する場合（サブリースなど）
資産除去債務	リースにより賃借した不動産の原状回復費用

３つの不動産関連の会計基準はリースにも関係があるよ。

84 減損会計基準

リース会計基準の改正は減損会計基準に影響します。オペレーティング・リースの借手の会計処理が売買処理になるため、大幅に減損会計の対象となる使用権資産が増加するからです。

減損会計において、使用権資産および使用権資産を含む資産グループの減損の兆候の把握、減損損失の認識、減損損失の測定は通常の資産に準じて行う、とされています。

たまに誤解している人もいますから、ここで減損会計について解説しましょう。

まず、減損会計はすべての不動産の時価を反映するわけではありません。一定の要件に該当する場合のみです。具体的な判定フローは図表84・1、その内容は図表84・2です。

減損会計の目的は、固定資産から十分な収益が確保できているかを判断することです。不動産を時価評価するのは最終段階なので、不動産に含み損があっても減損損失が発生するわけではありません。

減損会計は、オンバランスの固定資産を対象にした会計基準です。リース会計基準の改正前は、オペレーティング・リースは賃貸借処理だったので、減損会計の対象ではありませんでした。今後はオペレーティング・リースの借手が使用権資産を計上します。リース会計基準の改正によって減損会計の対象範囲が大幅に拡大するでしょう。

なお、リースのうち短期リースまたは少額リースで賃貸借処理をしているリースに係る使用権資産（オフバランスのため計上されない）は減損会計の対象ではありません。

❖リース会計基準の改正で減損会計の対象が増える！

図表 84・1 減損判定のフロー

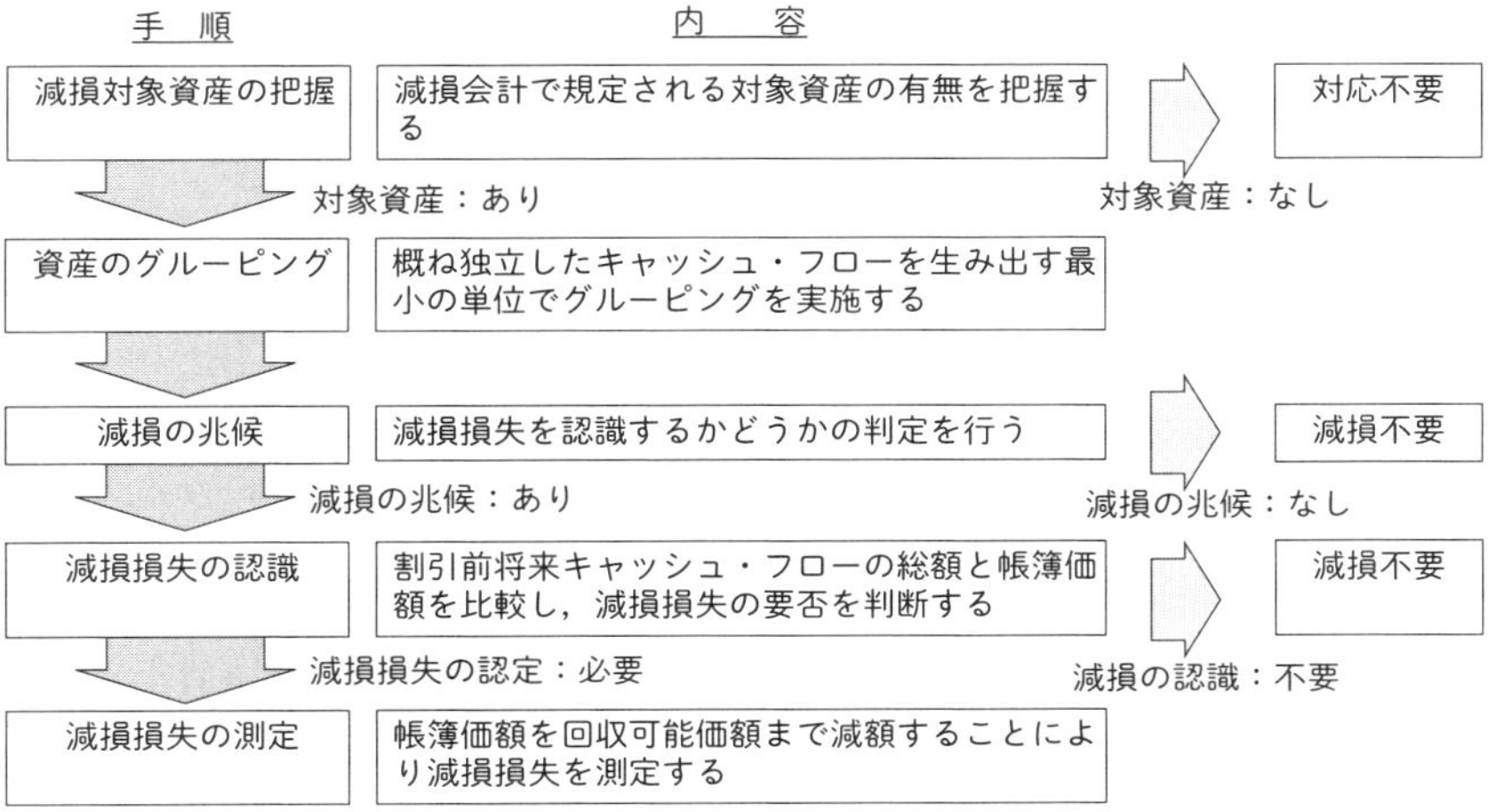

図表 84・2 減損判定の内容

項　　目	内　　容
資産のグルーピング	対象資産は，不動産，使用権資産，無形固定資産などで，それを保有している部門等に分類する
減損の兆候	その部門の収益性を判断して，グルーピングした資産を保有する部門が不採算となっていないかを判断する
減損損失の認識	グルーピング対象の部門から発生する最長 20 年のキャッシュ・フローと資産の簿価を比較して，その大小関係から減損が必要かどうかを判断する
減損損失の測定	実際に，不動産評価を行って，減損損失の金額を計算する

85 賃貸等不動産会計基準

リース会計基準の改正は、賃貸等不動産会計基準にも影響します。

ここでは、賃貸等不動産会計基準の概要を説明しましょう。

まず、賃貸等不動産とは遊休資産と投資用不動産のことです。すなわち、企業が保有する本業と関係のない不動産です。換金可能な（売却してもいい）不動産と考えればいいかもしれません。

不動産ファンドや不動産賃貸業者が保有する不動産は、本業で保有するものの換金可能な投資用不動産なので賃貸等不動産に該当します。

企業は賃貸等不動産の時価を開示（注記）します。あくまで注記ですから、減損処理のように財務諸表には影響がありません。

賃貸等不動産に該当するか否かは図表85・1のフローチャートに従って判断します。リース会計基準の改正によって、オペレーティング・リースの借手が計上する使用権資産（オペレーティング・リースのサブリース）が含まれることになり、賃貸等不動産の対象が拡大します。

なお、賃貸等不動産の時価の開示（注記）では、所有する資産とリースによる使用権資産を分けて開示します（図表85・2、図表85・3）。

リースによる使用権資産は処分できないため、使用権資産の時価は開示の必要はありません。

このように、リース会計基準の改正によって注記の対象となる賃貸等不動産の対象が増えるでしょう。

❖リース会計基準の改正で賃貸等不動産が増える！

図表85・1 賃貸等不動産のフローチャート

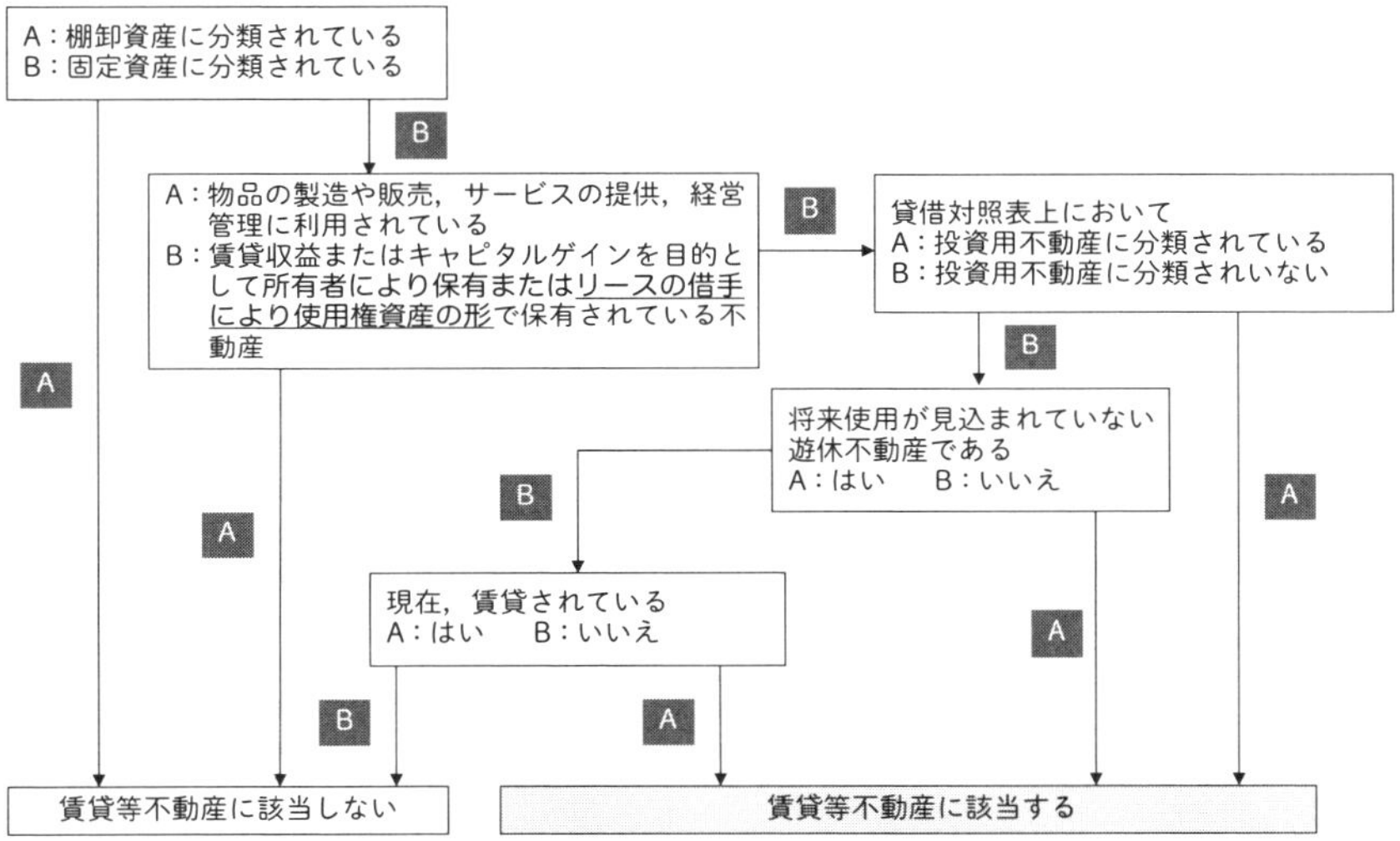

図表85・2 注記例（賃貸等不動産を一括して注記する場合）

	貸借対照表計上額	時価
所有資産 （1）建物及び構築物 （2）土地	 xx xx	 xx xx
計	xx	xx
使用権資産 （1）建物及び構築物 （2）土地	 xx xx	 — —
計	xx	—
合計	xx	—

図表85・3 注記例（賃貸等不動産を管理状況に応じ区分して注記する場合）

用途	所有資産		使用権資産
	貸借対照表計上額	時価	
オフィスビル	xx	xx	xx
商業施設	xx	xx	xx
住宅	xx	xx	xx
合計	xx	xx	xx

86 資産除去債務会計基準

ここでは、資産除去債務会計基準について解説します。まず、資産除去債務会計基準の目的は、主に賃借している不動産の撤退コスト（原状回復、処理費用等）を財務諸表に反映することです。これらは将来的な企業のキャッシュ・アウトであるため、負債として計上します。

資産除去債務とは、固定資産（リースを含む）の除去に関して、法令または契約で要求される法律上の義務などを指します。

具体的には、賃借建物に係る造作の撤去（原状回復）、有害物質（ＰＣＢ、アスベスト）の除去等によって発生するコストなどです。主な対象は不動産賃貸借契約に係る原状回復費用だと考えてください。

資産除去債務会計基準では、将来のキャッシュ・アウトの現在価値を資産除去債務として負債に計上するとともに、対応する資産を増額します（たとえば、建物の原状回復費用の場合は建物を増額）。

資産除去債務は将来のキャッシュ・アウトの現在価値です。支払リース料の現在価値であるリース負債と似ています（図表86・1）。

会計処理方法は42で説明したように、契約時に資産除去債務と同額の資産（リースの場合は使用権資産）を認識します。決算時に資産除去債務の支払利息を計上し、資産を減価償却します（図表86・2）。

また、賃貸借契約において敷金を拠出している場合、資産除去債務の負債計上は行わず、毎期敷金を減額して費用処理する方法を採用することもできます（図表86・3）。

❖リースの原状回復は資産除去債務会計基準の対象

図表86・1 リース会計基準と資産除去債務会計基準

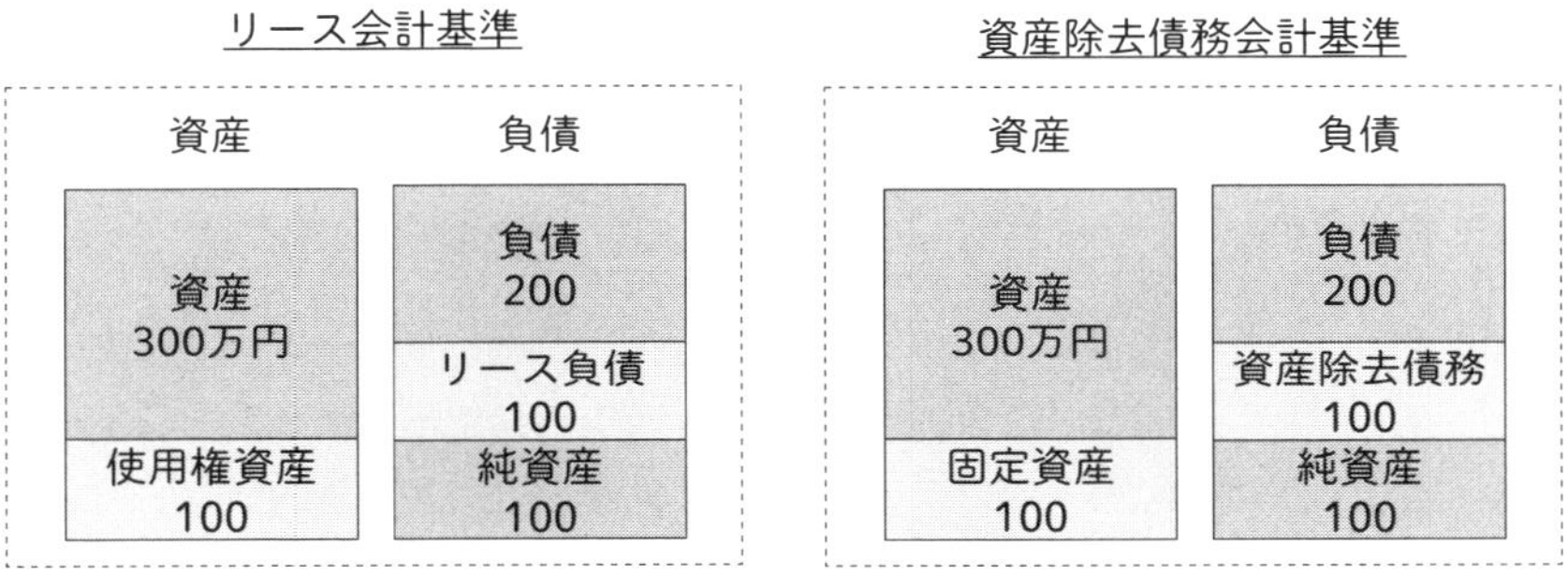

図表86・2 資産除去債務の会計処理

原状回復費用の現在価値	100
発生原因	不動産賃貸借契約
契約期間	1年
割引率	5％

・契約時

（借）	使用権資産	100	（貸）	資産除去債務	100

・1年目の会計処理

（借）	支払利息	5	（貸）	資産除去債務	5
（借）	減価償却費	100	（貸）	使用権資産	100
（借）	資産除去債務	105	（貸）	現金預金	105

図表86・3 資産除去債務の会計処理

上記に加えて敷金：100とする。

・契約時

仕訳なし

・1年目の会計処理

（借）	費用	105	（貸）	敷金	100
				現金預金	5

87 リース税制

本書はリース会計基準について解説するものですので、これまで税務の説明はしていませんでした。ここでは、今まで解説していなかったリース取引に係る法人税法上の取扱いについて解説しましょう。

リース税制は、リース会計基準に準じた扱いになっています。会計上で費用処理した金額は、税務上も損金として認められます。

リース会計基準が改正されれば、リース税制も改正される可能性が高いでしょう。ただ、不確かなことは書けませんから、ここでは本書執筆時点（改正前のリース会計基準）に適用されるリース税制について記載します。

リース税制はすべての法人・事業者に適用されるため、リース会計基準よりも適用対象が遥かに広いものです。

リース税制では、借手の売買処理と賃貸借処理の税務処理を定めています。リース会計基準と同じです。そして、会計上の費用と税務上の損金算入額に差はありません。

売買処理の対象範囲は、リース会計基準と少し違います。ただし、細かい話になるため、ここでは説明を省略します。

ちなみに、会計上、賃貸借処理した支払リース料は税務上、償却費として損金に含まれると解釈されています。売買処理で会計処理した場合は、償却費明細書（別表16⑷）の作成が必要です。賃貸借処理で会計処理した場合は償却費明細書の作成は不要です。

リース契約によって計上した使用権資産100万円、リース期間5年間の場合、1年目の償却明細書は図表87・2のように作成します。

❖リースの借手の税務処理

図表87・1 会計処理方法と税務処理

会計処理方法	科　目	税務上の取り扱い
売買処理	減価償却費	定額法で損金算入 （償却明細書の作成が必要）
	支払利息	損金算入
賃貸借処理	支払リース料	減価償却費として損金算入 （償却明細書の作成は不要）

図表87・2 償却明細書

なる金額	額法	償却額計算の基礎となる金額 (14)−(15)	16		
	リース期間定額法	取得価額	17	外 1,000,000	外
		残価保証額	18		
		償却額計算の基礎となる金額 (17)−(18)	19	1,000,000	
帳簿記載金額		償却額計算の対象となる期末現在の帳簿記載金額	20	800,000	
		期末現在の積立金の額	21		
		積立金の期中取崩額	22		
		差引帳簿記載金額 (20)−(21)−(22)	23	外△ 800,000	外△
リース期間又は改定リース期間の月数			24	（　）月 60	（　）
当期におけるリース期間又は改定リース期間の月数			25	12	
当期分の普通償却限度額 ((10)、(16)又は(19))× (25)/(24)			26	円 200,000	
当期償却額			27	200,000	
差引		償却不足額 (26)−(27)	28	0	
		償却超過額 (27)−(26)	29	0	
償		前期からの繰越額	30	外	外

コラム

連結財務諸表の作成がかなり面倒になりそうだ

リース会計基準では，借手と貸手の会計処理方法が異なります。借手はすべてのリースを売買処理するのに対して，貸手はファイナンス・リースを売買処理，オペレーティング・リースを賃貸借処理します。

貸手の立場では，賃貸借契約（オペレーティング・リース）として数年間貸しただけで不動産（資産）の消滅を認識するのはやり過ぎです。なので，貸手のオペレーティング・リースが賃貸借処理なのは変ではありません。

ほとんどの不動産賃貸借契約はオペレーティング・リースですから，貸手と借手で資産の二重計上が発生します。貸手は賃貸借処理で固定資産を計上し続け，借手は売買処理で使用権資産を計上するからです。

親会社が保有している建物や工場の一部を子会社に貸す場合，親子会社間で賃貸借契約を締結します。すると，親会社と子会社にそれぞれ資産が計上されるため，連結財務諸表を作成する際には相殺消去が必要になります。

従来は賃貸借処理でしたから，損益計算書に計上した支払賃料と受取賃料を相殺消去すれば足りました。

今後は，子会社や関連会社が計上した貸借対照表の使用権資産とリース負債，使用権資産の減価償却費，リース支払時の支払利息も相殺消去しなければなりません。

つまり，リース会計基準の改正によって，連結財務諸表作成時の手間がかなり増えるのです。連結財務諸表の作成がかなり面倒になりそうですね。

◆おわりに◆

本書は、不動産関係者がリース会計基準の内容を理解し、実務に役立つ情報を提供することを目的として執筆しました。

リース会計基準の改正は不動産賃貸借取引に大きな影響を与えます。不動産関係者が不動産賃貸借契約の仲介をしたら、高確率で上場会社や会社法の大会社とその子会社・関連会社が取引当事者になるでしょう。それらの会社に必要な情報を提供しなければ仲介ができない、そういう事態も起こり得ます。つまり、不動産関係者にとってリース会計基準の知識の習得は必須といえます。

本書では、リース会計基準のうち、不動産賃貸借取引に関係する論点を重点的に扱っており、不動産賃貸借取引に関係のない（または薄い）論点については説明を省略しています。本書はリース会計基準のすべての論点を網羅的に解説することを目的にしていませんので、ご了承ください。

また、読者の皆さんが理解しやすいように、可能な限り平易に説明することに努めました。不動産賃貸借取引を円滑に行うための一助となれば幸いです。

なお、本書におけるコメント、その他の意見に関わる記述は著者の私見であることを申し添えます。

最後に、素敵なイラストを描いてくださったスミマミさん、筆者の趣旨を理解し、企画・編集でご協力いただいた中央経済社の阪井あゆみさんに、心よりお礼申し上げます。

2024年10月

山下　章太

【著者略歴】

山下　章太（やました・しょうた）

公認会計士。

神戸大学工学部卒業後，監査法人トーマツ（現有限責任監査法人トーマツ），みずほ証券，東京スター銀行を経て独立。

独立後は，評価会社，税理士法人，監査法人を設立し代表者に就任。その他，投資ファンド，証券会社，信託会社，学校法人などの役員を歴任し，現在に至る。

著書に，

『金融マンのための実践ファイナンス講座〈第３版〉』

『金融マンのための実践デリバティブ講座〈第３版〉』

『金融マンのための不動産ファイナンス講座〈第３版〉』

『金融マンのための再編・再生ファイナンス講座』

『金融マンのための実践エクイティ・ファイナンス講座〈第２版〉』

『図解不動産ファイナンスのしくみ』

『図解為替デリバティブのしくみ〈第２版〉』（いずれも中央経済社）。

■イラスト：スミマミ

図解　不動産リースのしくみ

2024年11月20日　第１版第１刷発行

著　者　山　下　章　太
発行者　山　本　　　継
発行所　㈱中央経済社
発売元　㈱中央経済グループパブリッシング

〒101-0051　東京都千代田区神田神保町1-35
電話　03（3293）3371（編集代表）
03（3293）3381（営業代表）
https://www.chuokeizai.co.jp
印刷／文唱堂印刷㈱
製本／㈲井上製本所

＊頁の「欠落」や「順序違い」などがありましたらお取り替えいたしますので発売元までご送付ください。（送料小社負担）
ISBN978-4-502-51181-3 C3034